MW01227984

AGUSTÍN V.

STARTARI

AGUSTÍN V. STARTARI

UNA VIDA SIN CARENCIA

APRE(H)ENDER EL BUDISMO

Título original: Una vida sin carencia: Apre(h)ender el Budismo
Diseño de Portada: STARTARI
Edición: Juan José Dimuro, 2022
ISBN: 9798396725492

©Agustín V. Startari, Mayo 2023

Primera edición: Mayo, 2023
Editorial: MAAT Libros

AUTOAYUDA

"Una vida sin carencia: Apre(h)ender el Budismo" es una obra enriquecedora escrita por Agustín V. Startari que nos sumerge en la práctica del budismo como un camino hacia una vida más plena y significativa. En este libro, el autor nos invita a explorar los principios del budismo y a aplicarlos en nuestra vida cotidiana, liberándonos de la constante búsqueda de más y encontrando la felicidad en lo que ya tenemos.

A través de la gratitud y la conciencia plena, Startari nos muestra cómo apreciar y valorar las pequeñas cosas de la vida, reconectándonos con el presente y dejando de lado la insaciable necesidad de perseguir constantemente más y más. Nos enseña a encontrar la plenitud en cada momento, cultivando una actitud de agradecimiento por lo que tenemos y aceptando las circunstancias tal como son.

Este libro es una guía práctica que nos muestra cómo integrar los principios del budismo en nuestra vida diaria. A través de ejercicios, meditaciones y reflexiones, el autor nos ayuda a desarrollar una mentalidad más consciente, compasiva y sabia. Nos invita a adoptar una perspectiva más amplia y a encontrar el equilibrio entre nuestras necesidades y deseos, permitiéndonos vivir una vida más plena y satisfactoria.

"Una vida sin carencia: Apre(h)ender el Budismo" es un recurso valioso para aquellos que buscan simplificar su vida, encontrar mayor felicidad y descubrir el verdadero significado de la abundancia. A través de las enseñanzas budistas, el autor nos guía hacia una comprensión más profunda de nosotros mismos y del mundo que nos rodea, brindándonos herramientas prácticas para cultivar una vida llena de paz interior y bienestar.

Para mi abuela
Fortunata Giliberti

Simplicidad voluntaria

La propuesta de este libro se trata de simplificar nuestra vida voluntariamente. Dar la espalda a lo que realmente no aporta felicidad en nuestra vida. Aquello que no ha aportado satisfacción a nuestro diario vivir, eso es simplificar nuestra vida voluntariamente. Comenzar por dar lugar a iniciar un nuevo compromiso en vivir una vida más consciente, una vida intencional; deliberada. Para dar forma a esta invitación la propuesta que damos es aprender a apreciar lo que tenemos; de saborear, reconocer lo que tenemos saboreando el sabor sutil pero exquisito de lo que tenemos y dejar de estar continuamente moviéndonos hacia lo que está más allá de nuestro alcance.

Teniendo una vida de simplicidad voluntaria podremos dónde llevemos a cabo un proceso de introspección para identificar lo que nos aporta satisfacción y aquello que vamos insertando en nuestra vida siguiendo la mercadotecnia interna que nos es brindada de forma externa por los medios de lo que nosotros debemos considerar como lo importante y relevante en nuestra vida. La propuesta de una simplicidad voluntaria no es algo original ni particular del budismo. Es algo que proviene de un movimiento ya internacional inspirado en la obra de Henry David Thoreau en la cual plantea la vida menos pendiente de lo material. Este movimiento forma una convergencia dónde se unen distintas vertientes que vienen de diferentes ángulos, pero encuentran cauce en dicha propuesta de simplificar intencionalmente la vida.

Una vertiente es la ecológica, dónde reconocemos nuestro consumo descontrolado y no intencional y en cierto sentido no voluntario debe parar, dónde debemos ser nosotros quiénes ponemos los límites a la explotación de los recursos debido a que la cultura consumista en la que vivimos no lo hará por nosotros ya que extiende dicho límite siempre un poco más allá de lo que ya poseemos o deseamos poseer. En esta vertiente lo importante es identificar qué es lo que realmente necesitamos para mantener una vida más ecológica y sustentable. Una de las acciones que podemos tomar para alcanzar dicho fin es, entre otras cosas, bajar nuestro propio consumo y por lo tanto ir identificando que realmente paras vivir y que no se necesita. En esta propuesta no se trata de ver que necesitamos para sobrevivir solamente, sino también que necesitamos para tener una vida llena de satisfacción; extravagante rica. Simplificar el consumo manteniendo una postura ecológica, no significa una vida de pobreza, en absoluto, pero simplificamos el consumo con un objetivo ecológico. Una segunda vertiente es la espiritual dónde reconocemos que el planteamiento que hemos usado para "armar" nuestra vida moderna, en el cual nos planteamos la necesidad de cosas materiales en las cuales avalar esta postura ante la vida y el alcance de la felicidad. La felicidad está basada, de acuerdo con esta postura, en el exterior más que en el interior y en la necesidad de obtener cosas materiales en su mayoría, como pueden ser el dinero, una casa o coche, como aquellas inmateriales tanto como el respeto de nuestros pares y prestigio. El planteamiento es que lo que hemos estado escogiendo es el dinero. Vendiendo nuestro tiempo por el dinero acabamos por olvidar nuestro desarrollo interno espiritual. Otra vertiente que entra aquí y que tiene respuesta en la simplicidad voluntaria, es el compromiso social dónde nuestros valores de comunidad, Reciprocidad, compasión, entendimiento, empatía, generosidad, sustituyen las cualidades de competencia, codicia, ego e injusticia. Esta vertiente está encontrando en el compromiso de simplicidad voluntaria maneras de rescatar la capacidad de decidir "cómo vamos a vivir". Si observamos nuestra vida y la de nuestros allegados podemos reconocer nosotros mismos que hemos estado colonizados por imágenes de una vida buena, por estándares externos de materialismo superficial. Hemos estado colonizados por mercadotecnia, por los comentarios de nuestra familia u amigos, etc.

Esta propuesta de la simplicidad voluntaria es una propuesta que busca la emancipación de esta colonización involuntaria en la que hemos estado sumergidos. Cuando tomamos el paso de simplificar nuestra vida en cuanto a nuestro consumo y valores; al uso de nuestro tiempo y energía, estamos tomando un paso hacía una vida más congruente dónde podemos tener un profundo compromiso social, ecológico o espiritual. Sin embargo, si miramos dónde invertimos nuestro tiempo, cómo conectamos con otros, como nos basamos y buscamos satisfacción en estímulos externos, material o sensorial, nos damos cuenta de la cantidad de tiempo que pasamos buscando entretenimiento, satisfacción o felicidad en cosas que sabemos internamente que no es por ahí el camino a seguir.

La idea del compromiso que tomamos con nosotros mismos es el de en verdad prestar más atención a nuestro mundo exterior y a aquellas cosas materiales que nos bombardean constantemente y hasta qué punto tenemos anclas en nosotros que nos controlan y que nos hacen poner mucha atención y energía en cosas que nos agotan mentalmente.

Uno de los padecimientos más comunes de nuestra era moderna, es el agotamiento, no obstante, si observamos, podemos identificar un factor común que es el multitasking* (multitarea) en el cual nos sumergimos constantemente realizando muchas cosas a la vez. El móvil es un claro ejemplo de esto. Podemos pasar horas y horas mirando la pantalla de este, realizando varias acciones a la vez: enviando un mensaje, leyendo otro, mirando las redes sociales, etc. Todas estas tareas llevan al agotamiento de nuestro cerebro sin recompensa real.

Buda y Budismo

En esta sección veremos al Buda en su contexto histórico y cultural en consideración de sus roles como reformador social, líder religioso y filósofo ético. Se presentan las primeras enseñanzas budistas, las cuatro nobles verdades y las tres super-educaciones que sirven como marco para estudiar el desarrollo de todas las tradiciones budistas.

Nos surgen muchas preguntas cuando comenzamos el estudio del budismo en sí mismo. Entre otras: ¿Estamos estudiando una religión mundial? ¿Estamos estudiando un movimiento civilizatorio mundial? ¿Estamos estudiando una ciencia no occidental o premoderna? Quizás los tres. Como podemos pensar en nosotros mismos como personas modernas, ¿por qué cualquiera de esos tres nos importa? ¿Comparar lo que consideramos nuestra religión, nuestra civilización e incluso nuestra ciencia es eso es lo que estamos haciendo? Quizás. Tendemos a dar por sentado esos tres como si el nuestro fuera el normal, o incluso el único, y se espera que otros se conformen gradualmente, eventualmente.

En la era posmoderna, por supuesto, estas expectativas deberían cuestionarse. ¿Sabemos lo que creemos? ¿Cómo, por qué y si es razonable? ¿Somos de hecho civilizados? ¿Alguien más es civilizado? ¿Es nuestra ciencia materialista, es decir, el materialismo científico, la única ciencia, pura y sencilla? ¿Podemos entender otras creencias y puntos de vista del mundo sin mirar más de cerca nuestro propio? Si nuestras creencias religiosas o humanísticas son razonables, ¿cómo lo sabemos? ¿Hemos verificado las fuentes de nuestras creencias, encontrado evidencia de ellas, comparado con las creencias de los demás, y puede defenderlas contra las críticas de los demás? Si civilizado significa no salvaje, autocontrol, justo y justo, gentil y amable, y sabio y perspicaz, ¿por qué estamos involucrados en cientos de guerras brutales todo el tiempo, y también imprudentes sobre el medio ambiente de todo el planeta? Si se supone que nuestra ciencia comprende las realidades físicas, sociales y mentales, ¿cómo es que están tan confundidos acerca de lo que realmente es la realidad? Finalmente encontramos el bosón de Higgs para apoyar nuestro sentido de la existencia de masa. Bien por nuestros físicos en Europa. Pero todavía se dice que la materia y la energía oscuras constituyen el 97% del universo, pero no hemos visto todavía nada, porque son oscuros. Nuestras sociedades modernas están impulsadas por la violencia y las enormes brechas económicas, aparentemente al borde de la ruptura todo el tiempo. Se supone que la mente ni siquiera existe, pero las ventas de antidepresivos están en auge y otras drogas adictivas se extendieron como la pólvora. Nuestro sistema médico es excelente en cirugía, y hay medicamentos poderosos con sus peligrosos efectos secundarios sin duda, pero nuestro sistema alimentario es tóxico. Las hormigas ni siquiera comerán nuestra harina refinada y los sistemas de alimentación, transporte y energía están destruyendo el clima y la ecología en equilibrio de todo el planeta, y sin embargo los estamos exportando por todos lados, y consiguiendo sociedades más tradicionales a unirse a nuestra toxicidad.

Una persona pensante en esta situación mira a otras creencias, civilizaciones y ciencias, saquea el mundo para ellos de hecho, o debería buscar ir a otra parte a otro sistema de creencias o cultura, y ciertamente no ir vivir en algún Shangri-La mítico, sino encontrar puntos de apalancamiento para descubrir cosas nuevas mejoras, sentirse mejor y vivir mejor. Estudiar otra religión o ideologías, civilización o ciencia, es finalmente aprender más sobre nosotros mismos, y mejorar el propio sistema de creencias a medida que avanzamos en este siglo, inevitable e inexorablemente hacia una especie de civilización más globalizada.

Debemos desafiar muchos de nuestros estereotipos, ubicando a las civilizaciones budistas en yuxtaposición crítica con nuestra cultura moderna a medida que se desarrolla hacia lo posmoderno.

¿Qué es el budismo? El budismo tiene una amplia influencia, recibido de varias formas durante más de un siglo. En la década de 1890, la vida de Buda de Sir Edwin Arnold, llamada *La luz de Asia*, fue un superventas tan popular que fue uno de los primeros estadounidenses en ser nombrado caballero por la reina Victoria. Hoy en día, uno de nuestros favoritos es Steven Pinker, *Enlightenment Now*, una defensa del progreso y del occidente. Ahora, *Enlightenment Now* podría ser un libro sobre budismo, y tiene elementos que son como el budismo en realidad, pero lamentablemente no escapa de la prisión del materialismo.

Entonces, esos libros son realmente sobre el budismo, generalmente entendido como el nombre de una religión. Religión: "Usualmente definida como un sistema de creencias no racional y comportamientos rituales asociados". Pinker trata realmente de la ilustración occidental del siglo XVII, o precisamente del triunfo de la racionalidad y la ciencia sobre la religión. Y, lo que Steven no sabe es que ese triunfo sucedió en el siglo VI antes el hurap común, en realidad en toda Eurasia, no solo en la India, sino en todas partes. O tal vez más plenamente en la India que en el oeste o en el este de Asia. El libro de Wright trata sobre las personas notables que encontró entre los budistas tibetanos, monjes, y algunos aspectos de su agradable visión de la vida, que lo conmovieron profundamente e impresionaron, y por eso escribió ese libro. Con este enfoque en mente, pasamos a la historia del budismo indio y tibetano como un movimiento educativo, social, psicoterapéutico, científico y vital, fundado en torno a 2500 años atrás por Shakyamuni, conocido como el Buda, que significa El Iluminado, que ha servido como religión durante milenios. Pero, principalmente para las muchas sociedades agrícolas asiáticas, masas de personas sin educación, que creemos que debido a que las instituciones de la comunidad han brindado regularmente una exitosa educación principalmente a los más privilegiados e inteligentes entre sus contemporáneos urbanos. Al enseñar acerca de este notable fenómeno, no repetiremos los estereotipos convencionales sobre el budismo como una exótica religión oriental, pero lo abordaremos multidimensionalmente como la compleja matriz de un movimiento civilizatorio.

Ahora bien, ¿qué clase de cosa es un Buda? La palabra sánscrita Buda proviene del verbo *budh*, que significa despertar o florecer. Un Buda se define como un ser humano que alcanza un estado de conciencia mucho más elevado. Quién despierta del sueño del desconocimiento de sí mismo y de la realidad del mundo y quién florece con el conocimiento de la sabiduría perfecta y la sensibilidad del amor expansivo y compasión por todos los vivos. La razón por la que sucede es que cuando conocemos la realidad del mundo, nos damos cuenta de que estamos interconectados con todo el mundo y no hay nada en nosotros que no esté interconectado con todo el mundo. Incluso aprenderemos que nos convertimos e identificamos con todo el mundo, por lo que son todos los demás seres.

Esto entonces nos brinda automáticamente la sensación de sufrimiento, los dolores del *otro*, sus ideas, sus pensamientos, se vuelven uno contigo. Por lo tanto, no podemos soportar su sufrimiento. Al igual que nosotros, la gente común, lo encerramos en nuestra piel, en nuestro sistema nervioso, no podemos soportar nuestro propio sufrimiento, por lo tanto, en cierto sentido, tenemos compasión por nosotros mismos lo que significa que hacemos algo acerca de nuestro propio sufrimiento.

Cuando nos convertimos en un Buda, en realidad nos conectamos aún más con otros seres y no podemos soportar totalmente su sufrimiento, por lo que nos volvemos completamente compasivos con ellos. Somos capaces de hacer esto porque simultáneamente podemos ver su realidad como hecha de dicha, hecha de nirvana, hecho de la perfección de la realidad, su energía y su abundancia infinitas. Entonces no ignoramos que ellos no se sienten así. Tenemos este tipo de reflejo de espejo doble de ellos, es por eso por lo que podemos ser completamente empáticos con el otro. Sorprendentemente, la sabiduría perfecta proviene del conocimiento profundo de la causa y el efecto.

Hay un verso famoso en el Sutra del Rey de la Meditación que dice: "Quién entiende la causa y la efecto, esa persona comprenderá la vacuidad. Quien comprenda el vacío estará alerta a los más mínimos detalles de la vida".

Es realmente maravilloso y tiene muchas cosas sorprendentes en ese verso. Muchos de nosotros llegaremos a ello en el curso de estas enseñanzas. Muchos de los ciudadanos de las 16 principales ciudades-estado del subcontinente del norte de la India alrededor de 500 a.C, antes que la era común imaginara que un ser humano debería ser capaz de convertirse en una especie de un ser iluminado, una especie de Buda.

El movimiento budista, lo que hoy en día llamamos movimiento budista, se originó a partir de un príncipe de la ciudad-estado de Sakya que parecía alcanzar tal condición y tenía una capacidad de enseñar a otros cómo hacerlo también. Los mismos budistas no están en perfecto acuerdo incluso hoy sobre cuán despierto y expandido estaba el Buda o es un Buda en general. Incluso sobre cuál es la verdadera realidad del yo en el mundo. Es un movimiento tan grande que abarca tantos países, idiomas, épocas y siglos y milenios, naturalmente no esperamos que todos tengan una sola idea. Todos están de acuerdo en que existe un tipo superior de conciencia que un ser humano puede desarrollar y que esa conciencia superior, que es la conciencia es preferible a la conciencia ordinaria de la gente común de las sociedades de aquellas ciudades-estado o estados-nación modernos.

Entonces, la conciencia superior, ¿por qué es preferible? Porque la conciencia superior se identifica con los demás como iguales a uno mismo y, por lo tanto, tales personas son más amables y útiles y beneficiosas para los demás que la persona que es solo identificándose con ellos mismos y que solo está para sí mismo, como diríamos hoy.

Las sociedades llenas de personas que buscan para sí mismos se llenarán de conflictos y las sociedades llenas de personas que son en cualquier grado más altruistas serán más armoniosas y placenteras, creativas y prósperas.

En la biografía de Buda se dice que un vidente predijo su futuro a su padre cuando era un bebe; el vidente lo vio y antes de decir nada lo que hizo fue echarse a llorar. Entonces el padre estaba muy preocupado porque amaba a su hijo, por supuesto, y dijo: "¿Por qué estás llorando? ¿Algo terrible le va a pasar a mi hijo?"

Él dijo, "Si se queda en la vida hogareña, se convertirá en un rey todopoderoso, un monarca que gira la rueda. Pero si sale de casa para buscar un conocimiento más profundo de la realidad, se convertirá en un omnisapiente. Un Buda perfecto y creo que eso es lo que va a pasar y por lo tanto estoy llorando porque estoy demasiado viejo y no estaré vivo cuando se convierta en un Buda y no seré capaz de recibir su enseñanza".

Su padre ignoró la parte de lo grandioso que es tener un Buda real e hizo todos los esfuerzos durante 29 largos años para mantener al joven Buda a quien llama Siddhartha, en la vida del hogar. Le construyó un palacio de recreo o varios de ellos. Uno para el verano, uno para el invierno, uno para la primavera, uno para el otoño. Le consiguieron un harén de asistentes, músicos, masajistas, novias, etc. Le facilitó una buena educación tradicional, lo cual fue difícil porque Buda ya prácticamente sabía todo de inmediato y los maestros estarían realmente frustrados. Evitó cualquier tipo de experiencia o señal desagradable para el Buda. No permitiría que ninguna persona mayor o enferma se acercara al Buda. No tendría cuentos sobre la muerte o cualquiera de las realidades de la vida. Cuando se aburrió de todas esas cosas del palacio del placer, hizo los arreglos para que él eligiera una esposa y vinieron todas las chicas jóvenes y bellas para que Siddharta las conociera. Luego les proveyó a todas de joyas. Tenía una mesa llena de ellas y les dio todas las joyas y finalmente una mujer, Yaśodharā, que era una princesa guerrera de otra ciudad, llegó tarde porque su padre no quería que ella fuera y fuera seleccionada por el

Buda porque dijo que el Buda estaba viviendo en un palacio de placer y no practicaba artes marciales y era un cobarde y etcétera. En conclusión, llegó allí y cuando Buda la vio fue amor a primera vista. Se quitó su propia corona y se la dio a ella y se casaron y tuvieron una maravillosa luna de miel de ocho años. Finalmente tuvieron un hermoso hijo.

El príncipe eventualmente tuvo visiones donde salía con su auriga. Su padre no pudo detenerlo, pero trató de hacer arreglos para evitar que algo desagradable sucediera en su camino, sin embargo, Siddhartha vio a esta persona muy enferma y él estaba asustado al ver a alguien realmente enfermo. Luego vio a una persona muy mayor y eso también lo impresionó y como corolario vio un cadáver en un funeral y eso lo aterrorizó y de alguna manera se abrió paso por los pueblos Potemkin que su padre estaba arreglando. Finalmente conoció a un asceta que parecía tranquilo y pacífico y buscaba una realidad superior, un Śramaṇa y se inspiró. Por lo tanto, se negó a convertirse en rey, lo que se permite hacer cuando nace un hijo de un monarca ya que se convierte en el príncipe heredero, el padre puede retirarse. No obstante, el padre de Siddhartha se sorprendió cuando el Buda dijo:

"Me jubilaré y me iré los bosques. Voy a ir al bosque. Voy a convertirme en un buscador. Voy a alcanzar la iluminación y realmente hacer algo grandioso por la humanidad. No solo voy a ser un buen rey".

El padre lo encerró, pero luego el Buda escapó y cruzó la colina y salió a la vida sin hogar, para buscar el conocimiento de la verdadera realidad y la iluminación. La posibilidad de convertirse en Buda estaba presente en la cultura india en ese momento, pero en realidad muy remota.

Había principalmente tres objetivos de la vida, Kama, que significa placer, Artha, que significa riqueza y poder, y Dharma que significaba sólo en esos días deber religioso o ley o costumbre.

Fue en gran medida una especie de encarcelamiento de permanecer dentro de los roles asignados a uno en el sistema de castas. Alrededor de la época de Buda, existía la nueva idea de un cuarto objetivo, Moksha o liberación del sufrimiento, pero los primeros tres objetivos eran la corriente principal y el éxito de uno en ellos se pensó ser controlado por los dioses que debían ser aplacados y propiciados por los llamados karma de los rituales sacrificiales sacerdotales. Era una sociedad rica y, por lo tanto, a los buscadores de liberación se les permitía y apoyaba con al menos un almuerzo gratis, aunque el padre del futuro Buda Siddhartha no quería en absoluto que su hijo se uniera a ellos, pero no pudo evitarlo.

¿Quiénes fueron los colegas de Buda en esa era global?

Arnold Toynbee, el famoso historiador británico, escribió 12 volúmenes de historia mundial inspeccionando Eurasia durante ese tiempo, a mediados del primer milenio antes de la era común, se le ocurrió la teoría siguiendo a un historiador alemán, llamada la *Edad Axial* alrededor de mediados de ese primer milenio y en ese momento, hace 2500 años, se dio cuenta que hubo un cambio en el pensamiento en ese momento donde encontramos a los grandes griegos, los presocráticos, Heráclito, luego Sócrates y su escuela, la escuela platónica Zoroastro proporcionando los códigos para el Imperio aqueménida en Irán y en Babilonia el Deuterio-Isaías (lideró el grupo que recopiló la Biblia judía), en la India los sabios Upanishádicos como Yajnavalkya, que se rebelaron contra el ritualismo de la tradición ritual védica, también encontramos a Mahavira, quien fundó el jainismo y el Buda Shakyamuni, quien fundó el budismo. Finalmente, en China, estaba Confucio y Lao-Tsu, quienes hicieron el mismo trabajo y proporcionaron los códigos para el Imperio Tau. El punto para nosotros es, al mirar la historia de la tradición budista, que Toynbee consideró al Buda el más exitoso de todos los reformadores de la era Axial, como él los llamó. Él los llamó reformadores éticos, en lugar de una especie de fundadores religiosos, porque consideró que su trabajo principal era tratar de domar a los reyes guerreros locos por el poder, los Agamenones y así sucesivamente que estaban respaldados por sus sumos sacerdotes, pero se habían vuelto demasiado peligrosos con su riquezas, armas y grandes poblaciones lo que sería los inicios de la urbanización. Así como sus soldados especializados, comerciantes, artesanos, agricultores, etcétera. Tenían ese mismo tipo de cosas entre las ciudades-estado en la India y en China, también y en Irán.

Toynbee desmitificó al Buda y lo reconoció como un ejemplo de reformador. A medida que veamos esto estaremos pensando en las enseñanzas de Buda como una especie de enseñanza socrática, como una enseñanza confuciana como una especie de intento de establecer nuevos códigos para sociedades más urbanizadas y pluralistas donde el individuo tiene que descubrir cuál es el significado de la vida más para ellos mismos. De ellos, Toynbee consideró al Buda el más exitoso y probablemente no necesariamente. porque era mucho más brillante que cualquiera de los otros, sino porque la sociedad era más tolerante y dispuesta a que la gente se vuelva poco convencional y desafíe al viejo código guerrero tribal en los que operaban las sociedades anteriores a las ciudades-estado. Entonces, todas estas personas hablaron de obtener sabiduría al investigar la realidad, como el propósito de la vida humana, junto con el desarrollo de la justicia y la ética, para vivir juntos en ciudades y en sociedades más grandes, no solo en pequeñas tribus. Habló de la generosidad como imprescindible económicamente para las personas, no para acaparar cosas, personas con poder de no atesorarlo todo y crear gente indigente. Habló de no violencia y amabilidad, porque la gente está en guerra todo el tiempo, entonces no podía realmente cultivar, ni realizar nada creativo, no se puede desarrollar la verdadera prosperidad. Todas estas son cualidades necesarias para una vida armoniosa en ciudades tribalmente pluralistas, todas esenciales para la civilización humana. Recordemos que civilización viene de *civis*, que significa ciudad y hoy en día todavía estamos tratando de aprender las lecciones de estos grandes reformadores de la Era Axial. Por eso sus nombres en nuestro caso euroamericano, el griego y el judío, están tallados en nuestros edificios, es decir, todavía es cuestionable si realmente estamos civilizados, ya que no estamos necesariamente a la altura de la ética socrática, de la Nueva República de Platón, etcétera. Todavía no estamos necesariamente a la altura de los ideales de los grandes maestros griegos y hebreos de esta era. Al igual que en la India y en China, no necesariamente están a la altura de todas las grandes enseñanzas de Buda. Pero para entender esto, basándonos en los descubrimientos de Toynbee, hay un equipo de historiadores que analizó las tendencias de las sociedades de ciudades-estado de la Edad Axial; vieron cuatro problemas, y la forma en que lo analizaron, consideraron que estos problemas eran los que acosaban a la ciudad-estado de la época. Los problemas que enfrentaron fueron los de A) el militarismo y el materialismo, el materialismo de las clases mercantiles crecientes y el militarismo de los guerreros que estaban usando su vieja ética militarista demasiado poderosa debido a tener grandes ejércitos permanentes y no solo ganan algún territorio mediante la guerra o la intimidación, sino que destruyen la ciudad-estado vecina por completo, como la destrucción de Troya. Y B) El elitismo y cinismo político, las clases altas se osificaron mucho y simplemente tenían poder en sí mismo, (recordemos que tenemos a Sócrates desafiando a Temístocles sobre el poder). Así que ese es el segundo problema. Luego C) el tradicionalismo y el formalismo ritualista, así que cualquier cosa que hicieran los ancestros, eso es lo que tenemos que hacer y luego con cualquier problema iremos y haremos un ritual en el templo y luego los Dioses nos ayudarán. Y luego, D) proletarización, lo que llamaron, estos son historiadores, hay que perdonarles el término y la alienación cultural que significa que la mayoría de la gente en la sociedad está un poco alienada, no pueden ir a las fiestas importantes, no pueden ir a los mejores templos, los mejores rituales y se convierten en una especie de proles, es decir, plebeyos que solo sirven. Son casi como esclavos, pero básicamente clases bajas, en la India se les llamaba castas inferiores o incluso marginados que no pertenecían a ningún tipo de casta.

Entonces, las respuestas que estos reformadores éticos de la era, según estos historiadores seguidores de Toynbee, que enseñaron fueron la necesidad de A) sensibilidad moral y dualismo ético para responder al militarismo. B) humanismo existencial y transformación interna, es decir, el individuo puede cambiar, puede ser más humanista y un poco más ético. C) némesis histórica y reinterpretación, entonces aquí hablamos de reinterpretar la historia no solo decir lo que hicieron los antepasados, sino que presenta un antepasado ideal, Confucio era grande en eso y Buda contó muchas historias de este tipo, de cómo un antepasado se había comportado mejor que la gente en el tiempo presente, por lo que la gente en el tiempo presente debería reformarse a sí mismo en lugar de simplemente seguir a algún antepasado rígido que se comportó de mala manera. Reinterpretar la historia fue C) y D) mejoramiento social individual y universal a través de la educación científica y moral y que se ocupó de la gran masa de personas alienadas y en el caso de Buda, en particular, Toynbee admiró el hecho de que extrajo de las clases nacidas dos veces, como se les llamaba, o la gente de casta baja, en la India y tenían a través de su orden acceso a la educación, acceso a la autotransformación individual, acceso a la iluminación en realidad, que antes estaba completamente reservado tal vez solo para la clase de sumos sacerdotes y tal vez algunos de la clase guerrera. Aunque todas esas generalizaciones, por supuesto, son siempre propensas a excepciones. Este esquema es útil para abordar al Buda como figura principal de esta época, paradigma en la amplia transformación de la Era Axial de Eurasia. Es realmente importante sacarlo del contexto que es solo un fundador religioso, que acaba de crear un sistema de creencias. La forma en que el budismo se ubica convencionalmente en la academia, en un departamento de religión y es solo una especie de religión. Más bien, lo vemos como una transformación social general que es parte de toda Eurasia. Un gran cambio percibido por los historiadores que todavía estamos experimentando, en cierto modo.

Entonces, ¿Cómo se convierte en una religión? Hay un movimiento religioso, pero en el movimiento religioso participa el pueblo que no puede participar en el movimiento principal, que es el slash educativo científico ya que lo que plantea es el descubrimiento que el ser humano tiene la capacidad de entenderse a sí mismo completamente, perfectamente bien. Y no solo eso, sino que esa es la única forma en que realmente van a ser felices cuando logren entenderse completamente a sí mismos y al mundo. Y esos son dos tipos de cosas impactantes, pero supuestamente un Buda es un ser que tuvo éxito en eso. Eso es lo que es un Buda. Es el último resultado evolutivo, el estado perpetuo de felicidad perfecta. Capaz de estar en muchos cuerpos, no en uno solo, o capaz de ser, en cierto modo, ningún cuerpo, no un cuerpo ordinario reconocible, solo siendo energía dichosa infundida en todo, y volverse así sin destruir nada. No es que el Buda destruyó el mundo o algo así. Destruyo el sufrimiento, viendo el sufrimiento como causado por un error. Al corregir el error, no hay sufrimiento. Pero este movimiento no destruye nada útil, ninguna persona, ningún lugar, etc. No fueron a un lugar que resulta de la destrucción del mundo ordinario, en absoluto. Así que sin destruir nada, y amando todo, y compasivo con todos los demás, esta "cosa" evolutiva, supuestamente, un Buda, está atrapado en este extraño aprieto. Lo cual se demuestra por el hecho de que su historia de iluminación, incluso en la versión Theravada, una especie de versión más básica (antes de que logre esta comprensión de todo) lo que llaman la terminación de la contaminación, incluyendo todas las energías e instintos en el inconsciente, antes de eso recuerda el enredo infinito con todos los demás seres. Se vuelve consciente de todos los destinos y las naturalezas y el pasado y la evolución histórica de cualquier otro ser, lo cual es demasiado inconcebible. Entonces, por lo tanto, el vínculo es que él siente que es cualquier otro ser. Lo sabe todo, no en el sentido verbal de describirlo ABCD aquí y allá, sino en el sentido de saber, sentir como se siente y experimentar sus recuerdos, incluso, que son inconscientes, supuestamente, se vuelve omnipresente de esa manera. Pero por lo tanto no puede evitar ver que los seres no piensan que todo es genial. No creen que sea el nirvana. Creen que están sufriendo.

Entonces, ¿qué hacemos con eso? Eso es parte de la realidad. A pesar de que es un engaño, y es un error, y se basa en la ignorancia. Luego, si te conviertes en un Buda, sientes eso. Entonces, e incluso en Theravada, dicen que Buda es como una madre. Todo ser, para un Buda, es como una madre. Cada ser parece hijo único de la madre, como si fuera la madre de todos los seres tiene que hacer algo al respecto para presentarles lo que él es. Él tuvo la disyuntiva de pensar, "Bueno, no le voy a enseñar a nadie porque no lo entendería". Eso se ve en la historia. Y luego Brahma le muestra una visión de lluvia cayendo sobre diferentes tipos de flores, y cada una reaccionando a ella de alguna manera, donde absorben lo que pueden. Empujándolo y dándole la rueda de lo que llamamos la rueda del Dharma, es decir, la rueda de la enseñanza. Así que no es solo un dios, es un maestro de dioses.

La propia historia de Buda se clasifica en lo que se llama las 12 obras ejemplares de un Buda. En su última vida como humano, los futuros Budas son lo que llaman *Bodhisattvas*. Sattva significa un héroe o una heroína y Bodhi significa, iluminación. Así que un Bodhisattva significa uno que es heroico en la búsqueda de la iluminación, Bodhisattva.

Las 12 obras son: uno, su descendencia de un cielo más alto, Ashkanista. Que es una especie de cielo del reino de la forma pura, donde no hay un cuerpo ordinario, a lo que llaman un cielo del reino del deseo, Tushita, lo que significa el cielo de la satisfacción, donde hay una especie de tierra, y dioses, como un tipo de Olimpo. Tushita está en las nubes, así que pasó de un reino más alto, más menos encarnado a un reino de la deidad del deseo encarnado más humanoide. El Tushita, que se considera el primer hecho. Entonces el segundo acto es su concepción, o su descenso de Tushita al útero de su madre, la reina Mayadevi, que literalmente significa la diosa de la magia. Así desciende para nacer en su vientre, y hay una maravillosa secuencia visionaria. La concepción del Buda donde desciende al útero. Su madre está en un sueño, y ella no es virgen, es la esposa principal del rey Suddhodana, el padre de Buda, pero él es concebido en una especie de forma sexual normal, no paternal. En el sentido de que ella lo concibe en un sueño, y tiene eso de heroico que tienen las mitologías donde el héroe se va a convertir. Es un tema en la mitología griega, se puede encontrar en la mitología comparada. Entonces no es un nacimiento virginal, pero es una concepción sin padre. Luego, el número 3, nace en el Jardín Lumbini, que se dice que es similar a Jesús en un sentido; Jesús nació en un pesebre y Buda nació en un jardín, porque la madre estaba viajando para dar a luz en el palacio paterno, en otra ciudad diferente, porque esa era la tradición, de no dar a luz en la casa de su marido. Mayadevi se detuvo a descansar en un jardín en medio de la naturaleza, y se apoyó en un árbol, y luego Buda simplemente salió de su costado, y luego habló de inmediato en la historia. Levantó un dedo y dijo "Soy la cosa más grande en dos pies", dijo. Luego se calló cuando llegó su padre. Cuatro, su educación. Se trataba de un ser muy inteligente, aprendió siete idiomas en 15 minutos, sabía todas las matemáticas, lo que hacían sus profesores, era el mejor en los deportes, era un prodigio. El número cinco es su obra, que fue una especie de lección, ya que en vivía en su harén y luego se aburrió de eso y su vida palaciega entonces decidieron que necesitaba casarse. Se enamora de su futura mujer Yasodhara. Luego la séptima obra es donde tiene las cuatro visiones del enfermo, anciano, cadáver, y finalmente el buscador ascético. Entonces decide convertirse en un buscador ascético, desobedece a su padre y escapar del palacio, y se convierte en un asceta. Se mortifica durante seis años, también renuncia a ir a diferentes Ashrams, y rechaza diferentes tipos de Brahminical meditaciones brahaminicas que obtiene muy rápido, pero rechaza como iluminación. La iluminación no sería sólo escapar del mundo, la iluminación, se suponía que debía ayudar a la gente, por lo que la iluminación debe ser algo donde se sigue manteniendo la conexión con la gente, no solo se desaparece del mundo. Así que rechazó esas cosas. La octava escritura donde llega hasta la mortificación, y se dice a sí mismo "Eso fue demasiado, casi me mato y no he hallado la verdadera iluminación" él tiene una visión de que la vida puede funcionar, va y se sienta debajo del árbol, y luego el noveno hecho es donde se encuentra con el demonio, que se llama Mara. Y el diablo lo tienta con toda clase de cosas y lo desafía, lo ataca y trata de seducirlo con sus hijas, y luego lo ataca con sus tropas, y nada de eso funciona, entonces finalmente, el diablo tiene que irse ya que no logra derrotarlo y luego alcanza la iluminación como el décimo acto. Y el decimoprimer hecho son sus 45 años de enseñanza. El acto 12 es donde deja su cuerpo y se hace presente sólo en forma de cuerpo sutil.

Estos son los famosos 12 hechos de Buda, y hay numerosas biografías de Buda, incluyendo una supuesta autobiografía de la literatura Mahayana llamada Lalitavistara, lo que significa la mejor obra del mundo. Lalitavistara, se considera una autobiografía, en que le cuenta la historia de su vida a su alumno.

Hay a su vez muchos discursos grabados, algunos de ellos transmitidos sistemáticamente por la memoria durante siglos. Y algunos supuestamente se mantuvieron ocultos en las escrituras escritas durante siglos, y finalmente fueron revelados en los momentos apropiados. Hay mucha controversia entre los diferentes tipos de los budistas acerca de los cuales son genuinos y cuales son falsificaciones y en realidad, esto es algo que es un tema muy importante en los estudios budistas académicos, en la atmósfera religiosa védica de esa sociedad, la palabra sagrada, para tratar con la vida y la muerte eran los mantras védicos, y nunca fueron escritos, y la gente tenía estos recuerdos extraordinarios donde memorizaban miles y miles de versos, cientos de páginas que fueron guardados cuidadosamente en la memoria colectiva, y cuando alguien envejeciera, tendrían varios discípulos que todos lo habían memorizado, y luego enseñarían por voz a otros más tarde para que la palabra se mantuviera en estas antiguas culturas. Porque no escribieron, sólo los comerciantes escribían las cosas. Así que algunos de los libros posteriores que se revelan más tarde, se dice que se han mantenido por escrito desde la época de Buda y sólo podría haber sido guardado por los comerciantes. Y los primeros son en el idioma Pali que arman un gran alboroto en Sri Lanka, ya que los mismos no fueron escritos durante al menos cuatro siglos, tal es la complejidad de las fuentes de diferentes textos budistas que son realmente enseñados por Buda, que son inventados por otra persona, es muy complejo en la tradición original.

Ahora bien, ¿cómo sirvió la historia de Buda como paradigma a través de Eurasia? Podría ayudar compararlo con la historia de Jesús. El difunto budalogista japonés, Nakamura Hajime, descubrió 22 instancias paralelas tanto en la vida de Buda y en la vida de Cristo, tomados de los cuatro Evangelios canónicos y de los apócrifos, y también las muchas historias diferentes de Buda. Los ejemplos son, ambos fueron concebidos aparte de la semilla del padre, y en el caso de Buda, eso es paralelo a la concepción virginal en el caso de Jesús. Sus madres ascendieron al cielo poco después, en el caso de Buda, de inmediato, pero en el caso de María, por supuesto algo más tarde. Los dioses locales de la religión existente, los dioses egipcios en el caso de Jesús, y los Dioses del Templo Vedas en el caso de Buda, demostraron la superioridad de estos nuevos maestros a su propia tradición. Y hay una diferencia interesante entre los dos, cuando en el Evangelio apócrifo, José y María llevan a Jesús a un templo egipcio las imágenes de los dioses egipcios son todas pulverizadas en polvo, instantáneamente pero cuando se lleva a Buda al templo de los Vedas para verlos, los dioses cobran vida en sus pedestales, se bajan de sus pedestales inclinándose ante el bebé Buda, y luego vuelven a convertirse en estatuas. Entonces es como si mostraran subordinación, pero luego retoman su comportamiento. Esta es una diferencia muy, muy interesante. Entonces, finalmente, cada uno abandonó la profesión de su padre y cada uno desafió las culturas patriarcales. Ambos se recuperaron de una especie de extrema mortificación paralela de un tiempo determinado, paralelo al mismo Jesús resucitando de entre los muertos. Cada uno venció las tentaciones del Diablo. En el caso de Buda, fue Mara, y en el caso de Jesús y Getsemaní, fue Satanás. Cada uno de los dos maestros demostró su iluminación a través de sus enseñanzas, en lugar de que cualquier otra cosa. Obviamente, una gran diferencia es que Buda tuvo 45 años de desafío revolucionario a la ortodoxias de su tiempo, de la religión Vedas, y el resultado en una gran literatura de los budistas, pretendía registrar sus enseñanzas, paralelas a la crucifixión, la resurrección y la desaparición a la edad de 33 años de Jesús, dejando aquel gran desafío, y sus enseñanzas mediadas a través de los Evangelios y las epístolas de los Apóstoles. Estas diferencias de recepción describieron los diferentes niveles de tolerancia en el Índico y los reinos mediterráneos y sus colonias.

El aferramiento a la permanencia.

El aferramiento a la permanencia es un concepto budista que refiere a que como las cosas son en el presente, siempre han sido de esa manera. Es una premisa básica del ser humano. Detectar el movimiento de la mente insatisfecha puede ayudarnos a atacar este aferramiento. Enfocarnos en lo negativo, en lo que nos falta es el movimiento de la mente insatisfecha. Escuchar de que nos quejamos mentalmente es otra manera de fortalecer la mente de insatisfacción enfocándonos en lo que nos falta, en lo que no hay, en lo que no está presente ahora; en lo que no tenemos. Un paso que podemos dar es detectar cuando estamos en lo negativo, en lo invisible, en lo ausente. Cuando logramos detectar esto, deberíamos cambiar el enfoque para el presente, para lo visible. Habitar este momento, este lugar en el que estamos.

¿Como habitamos el momento? Mediante la conciencia. Estar dónde estamos, mirando que hay a nuestro alrededor. Esta es la tarea principal que podemos tomar, saborear el momento presente.

Una manera que podemos comenzar a trabajar en general la capacidad de sentirnos

satisfechos es contrarrestar este hábito de pasar
nuestro enfoque a lo que nos genera una
sensación de carencia. Cambiar este hábito. He
de reconocer que mi mente se está enfocando
en algo que me está torturando. Pensar en algo
que, si hay, que sí puedo disfrutar. Otra
estrategia es cultivar la capacidad de reconocer
lo que si tenemos. Aun así, cuando nos haya en
una situación en la cual nos encontramos en lo
que puede ser un infierno personal, en un lugar
con muchas carencias, aún en esa situación
podemos identificar, por más poco que nos
parezca, algo que, SI tenemos, ya sea nuestra
propia vida. Estamos aquí, estamos vivos y esto
es algo de incomparable valor. Tenemos vida.

Una manera de hacer este ejercicio es estar
conscientes que estamos ejercitando nuestra
libertad. Nuestra libertad de dónde pondremos
nuestro enfoque; de que vamos a cultivar en
nosotros. Habitar el momento presente es
reconocer que estamos vivos. Aquí el ejercicio
no es ser algo o hacer algo, es simplemente
reconocer lo que somos y lo que tenemos.
Darnos cuenta. Entre todas las formas de vida
que hay en el planeta, la forma de vida que yo
tengo es humana y esto, sin disminuir las otras
formas de vida, es algo sumamente precioso. Y
si, pueden surgir los pensamientos negativos de
todo aquello que nos hizo mal a lo largo de

nuestra vida, de todo aquello que nos lastimó e incluso marcó, sin embargo, estamos aquí, enfocando nuestra vida mientras leemos estas líneas concientizándonos de nuestra carencia, pero más aún de lo que poseemos. Cuando estos pensamientos negativos surgen, los podemos apartar para otro momento. Ahora estamos haciendo higiene mental, estamos enfocándonos en lo que si tenemos. Regresando a la realidad debido a que todo lo demás, todo aquello que no tengo y no soy, no es lo que si tengo y lo que si soy. Reconectamos con nosotros mismos, con lo que tenemos. Tenemos la capacidad de discernir este análisis. La capacidad analítica para identificar aquello que tenemos: ¿Por qué tengo esta incapacidad de insatisfacción? ¿Tengo opciones? Si las tengo. Todo esto es pura capacidad y lo tenemos con solo nuestra vida y la inteligencia humana. Capacidad de analizar, causa y efecto; que causa nuestro malestar. Los hábitos se pueden modificar. No necesitamos poseer para saborear todo lo que tenemos en nuestro entorno. Apreciar sin poseer es un arte que se genera a través de la práctica. Y algo que ya hemos mencionado es aplicar el Dharma a nuestra vida diaria ya que en el Dharma quiénes aplican el "tratamiento" somos nosotros. Nosotros identificamos el problema y a posteriori aplicamos el tratamiento que necesitamos.

El Dharma. Vivir desde la abundancia.

¿Qué es el Dharma?

El Dharma es la enseñanza que el Buda enseñó. El Buda llamó a su enseñanza Dharma, palabra sánscrita que no era muy corriente en la cultura de los vedistas anteriores. Patrick Olivelle dice que solo encuentra 17 instancias de la palabra Dharma en los escritos prebudistas de los antiguos eruditos brahmánicos. La palabra sánscrita más tarde se analiza por eruditos budistas, Vasubandhu en particular en el siglo IV, o principios del siglo V, y parece tener al menos 11 significados diferentes que van desde simplemente la calidad de algo a través de la cosa misma, un fenómeno o un noúmeno, a través de los significados de la costumbre, deber, religión, y la ley, todo lo que podríamos llamar patrón manteniendo significados, en una lengua parsoniana, un tipo de lenguaje de las ciencias sociales. Y luego Buda agregó a estos significados enseñando, práctica virtuosa, sendero, y la virtud, incluso, la propia realidad que se enseña, el más alto es Nirvana, libertad del sufrimiento.

Entonces dividiendo estos 11 significados en esas dos mitades, mantenimiento de patrones y trascendencia de patrones, los cinco superiores son todos trascendentes de patrones. Enseñar es trascender patrones porque aprendes nuevos conocimientos y te comportas de formas nuevas. El camino es patrón que trasciende porque dejas un lugar viejo y vienes a uno nuevo. La realidad es patrón que trasciende porque te libera del sufrimiento en realidad, de acuerdo con la comprensión de Buda de ello. Todos los significados de la palabra Dharma vienen de la raíz verbal Dhri, que un cognado con el latín habeo y medios para sujetar. El primer grupo de tenencias significa estructurar cosas, comportamiento, mente y creencia en ciertos patrones. Y el segundo conjunto, el patrón que trasciende el conjunto, significa sostener un ser en un lugar nuevo, una tendencia educativa y evolutiva positiva. Todo aquello que no nos produce satisfacción o gozo, debemos dejarlo o si no podemos al menos intentar cambiar nuestro enfoque. Finalmente, en el Sumom Bonum, el mayor bien de la dichosa liberación del sufrimiento del Nirvana. Así que el Dharma como realidad significa la realidad que nos mantiene libre del sufrimiento cuando superas nuestra incomprensión de esa realidad y sabes que es la verdadera naturaleza. Entonces te das cuenta de que la vida es felicidad en realidad. Es el gran descubrimiento de Buda.

Las últimas investigaciones dan fe del hecho que fue el mismo Buda que añadió el último conjunto de patrón trascendiendo significados a la palabra y su patrón manteniendo usos, trans-valorando la palabra para servir a su revolución liberadora. Cuando hacemos lo que no nos gusta generamos sufrimiento en nosotros mismos y en los que están a nuestro alrededor.

Podemos decir que Dharma es un vocablo sanscrito que significa propósito en la vida. Esta ley dice que todos los seres nos hemos manifestado en forma física para cumplir un propósito. El campo de la potencialidad pura es la divinidad en su esencia, y la divinidad es adoptada por la forma humana para cumplir un propósito. De acuerdo con esta ley cada uno de nosotros tiene un talento y una manera únicos de expresarlo. Cada individuo es irrepetible y tiene un talento único. Ningún ser puede hacer una cosa igual que otro ser en todo el mundo y por cada talento y cada expresión únicos de dicho talento también existen necesidades únicas. Cuando estas necesidades se unen con la expresión creativa de nuestro talento, se produce la chispa que crea la abundancia. La ley del Dharma tiene tres componentes: El primero dice que cada uno de nosotros está aquí para descubrir a su verdadero yo superior o también llamado yo espiritual. Somos esencialmente yo espirituales que se han manifestado aquí para lograr alcanzar nuestra espiritualidad. El segundo componente es la expresión de nuestro talento único. No existe otro ser sobre el planeta que tenga ese talento o lo exprese de esa manera. El tercer componente es el servicio a la humanidad. Servir a los demás seres humanos y preguntarse: ¿Cómo puedo ayudar a las demás personas? Cuando combinamos la capacidad de expresar nuestro talento único con el servicio a la humanidad estamos usando plenamente la ley del Dharma y cuando unimos esto al conocimiento de nuestra propia espiritualidad, el campo de la potencialidad pura es imposible que no tengamos acceso a la abundancia ilimitada dado que esta es la única manera de acceder a la abundancia. Esto no se trata de una abundancia transitoria, sino que es permanente en virtud de nuestro talento único, en la manera de cómo lo expresamos y de nuestro y dedicación a los demás seres humanos. Si deseamos utilizar al máximo la ley del Dharma, necesitamos comprometernos a varias cosas. Primer compromiso: Por medio de nuestra práctica espiritual buscaremos nuestro YO superior, el cual está más allá de nuestro ego. Segundo compromiso: Descubriremos nuestros dones y talentos únicos y una vez descubiertos disfrutaremos de la vida expresándolos. Sabremos cuales son nuestros dones y talentos únicos cuando realicemos aquello que nos gusta y perdamos la noción del tiempo y entremos en estado de dicha absoluta. Tercer compromiso: Nos preguntaremos cual es la mejor manera de servir a la humanidad con la expresión de nuestros talentos únicos.

Nuestro propósito primario o principal es la autorrealización, es conocer nuestra verdadera naturaleza y establecernos en ella. Esto lo podemos hacer a través de la práctica espiritual. La meditación es una herramienta muy importante para poder realizar nuestro verdadero Ser. Nos permite observar nuestra mente y calmar nuestros pensamientos y conectar con nuestro verdadero Ser. Cuando observamos nuestros pensamientos podemos darnos cuenta de que hay un espacio entre pensamiento y pensamiento. Este espacio es vacío y cuando lo observamos, en ese mismo vacío reconocemos nuestra verdadera naturaleza, la cual está más allá de toda la experiencia. Cuando nuestra atención está distraída con las cosas mundanas, no somos conscientes de lo que realmente somos, pues todo el contenido y movimiento mental obscurece nuestro verdadero ser. Es como las nubes que ocultan el sol; el sol siempre está ahí, pero estas nubes ocultan el sol.

Estas nubes son nuestros pensamientos; es el contenido de nuestra mente que viene y va y todo este contenido oculta nuestra verdadera naturaleza. Cuando meditamos y observamos el espacio del silencio que hay entre pensamiento y pensamiento; entonces podemos ver claramente nuestra verdadera naturaleza. Todo lo que experimentamos es contenido y es mental; lo que verdaderamente somos está más allá de este contenido. Una persona que vive totalmente distraída en las cosas del mundo, su mente está llena de contenido de pensamientos la naturaleza de la mente es movimiento. La mente busca experimentar, busca objetos, contenido por lo que siempre está llevando la atención hacia los objetos de percepción y hacia el mundo externo. La persona que vive totalmente atrapada en su mente no es consciente del silencio que existe más allá de dicho contenido por tanto esta persona vivirá atrapada en los patrones mentales condicionados de su mente. Estos patrones mentales condicionados; son los samskaras; las huellas e impresiones que han quedado grabadas en la mente subconsciente debido a experiencias pasadas. Cada vez que experimentamos en la vida todas estas experiencias son huellas e impresiones que van quedando grabadas en nuestra mente subconsciente; estas impresiones o también llamadas samskaras a medida que las vamos repitiendo y repitiendo se convertirán en hábitos más sanos.

La persona que vive en su mente vivirá condicionada por dichas impresiones y reproducirá a dichos hábitos de manera inconsciente sin pararse a observar ni a discernir tal persona experimentará a su vida de forma inconsciente y reaccionará como un piloto automático siendo impulsada a repetir una y otra vez los mismos hábitos o vasanas sin tener libre albedrío.

Es decir, cuando nuestra atención está totalmente enfocada en la mente y en el mundo somos arrastrados por esta inercia mental de huellas e impresiones que ya están en nuestro subconsciente y ante las situaciones que experimentamos reaccionamos reproduciendo estos mismos patrones. De tanto reproducirlos creamos hábitos así que la persona inconsciente vive atrapada en su mente repitiendo los mismos hábitos una y otra vez sin elegir cómo actuar. No usa el discernimiento esta persona. Está desconectada de sí misma, de su ser y esta desconexión hace que la persona no viva alineada con su propósito de vida o ley del atma, sino que vive en función de los deseos de la mente y de sus hábitos. Esto conlleva que la persona no esté manifestando sus dones y talentos únicos por lo que no estará disfrutando de lo que hace. Generará sufrimiento para sí misma y no estará alineada con la abundancia de la vida. Cuando no hacemos lo que nos gusta generamos sufrimiento para nosotros mismos y para los que nos rodean. Vivimos como esclavos de la vida y luchamos para ganarnos el sustento y para poder sobrevivir.

Vivimos desde el miedo y la inseguridad, creyendo que tenemos que trabajar de lo que sea para ganar el dinero que necesitamos para sobrevivir. El trabajo se torna una obligación, uno carga algo negativo que detestamos o que no nos hace disfrutar, tenemos un sentimiento de falta, de carencia y únicamente trabajamos para ganar dinero para cubrir nuestras necesidades y nuestros deseos. No gozamos de lo que hacemos, sino que somos esclavos de ello; esto es vivir desconectados de nosotros mismos. Vivir inconscientemente atrapados por el deseo la necesidad y el miedo los cuales son de la mente y esto no crea abundancia en nuestra vida sino esclavitud y sufrimiento. Cuando empezamos a observar los espacios de silencio que hay entre pensamiento y pensamiento permitimos que haya espacio en la mente y cuando hay espacio podemos sentir nuestro verdadero ser. Nos conectamos con nuestra verdadera naturaleza y adquirimos la capacidad de poder discernir. El discernimiento es una cualidad de nuestro intelecto el cual está más allá de la mente de los pensamientos y emociones. La persona que está conectada con su ser ya no vive desde la mente condicionada, sino que vive desde el corazón, el sentir. Ya no es arrastrada por los patrones condicionados de su mente por lo que ya no será presa de los samskaras y vasanas. Dicha persona ya no será esclava de los deseos de la mente, sino que vivirá desde el sentir del corazón. Entonces manifestará a sus dones y talentos únicos y los pondrá al servicio de los demás seres. Estará alineada con su propósito externo, la ley del atma por tanto sentirá satisfacción gozo y entusiasmo por lo que hace. Disfrutará de la vida y se sentirá plena y agradecida generando abundancia y felicidad para sí misma y para los demás. La clave es primero realizar nuestro propósito interno que es vivir conectados y establecidos en nuestro ser y una vez vivimos desde nuestro ser, podremos manifestar nuestros dones y talentos únicos y estaremos al servicio de los demás, disfrutaremos de lo que hacemos y crearemos abundancia y felicidad.

Ahora, en cuanto al marco básico de la enseñanza de Buda, que se conoce como las Cuatro Nobles Verdades. Una gran variedad de budistas debate las mismas, pero todos están de acuerdo en la enseñanza básica: estructura. Las Cuatro Nobles Verdades, aunque prefiero llamarlas los cuatro nobles hechos. Es decir, son factuales. Son reales para personas nobles o altruistas y al calificarlos para llamarlos nobles, el Buda está indicando que se dio cuenta de que no son necesariamente hechos para personas ordinarias, personas egocéntricas. Estos cuatro hechos son el hecho del sufrimiento, el hecho del origen del sufrimiento como siendo comprensible, el hecho de la liberación del sufrimiento como alcanzable que es Nirvana, y el hecho del camino hacia esa liberación del sufrimiento que es el budismo como camino educativo de hecho. No solo el camino de la creencia, sino un camino de educación.

El Buda se celebra en la India como el descubridor de la causalidad. Uno de los primeros discípulos hizo un epítome de su enseñanza que se convirtió en un famoso verso escrito en iconos y monumentos de todo el mundo budista. Incluso hoy en día se puede encontrar en la parte posterior de un icono de pergamino tibetano. En la traducción, "Salve al gran buscador, realista ilustrado que declaró las causas de todo que procede de las causas y su terminación y que es así el maestro".

Aunque admitió que estaba completamente iluminado, el Buda no se presenta a sí mismo como una suprema autoridad. Su esquema de las cuatro dependencias incluye, confiar en la enseñanza, no en el maestro. Confíe en el significado, no en las palabras. Confíe en el significado definitivo, no en el significado interpretable. Y fuera de eso hay una gran estructura hermenéutica budista de cómo interpretar las cosas y qué es definitivo y lo que es interpretable. Confíe en la sabiduría experiencial no dual, no en el conocimiento conceptual dualista. Y esa es una especie de canon budista para la ciencia. Al igual que Karl Popper, quien insistió en que las llamadas leyes de la naturaleza del materialismo científico, la llamada gravedad o la relatividad, que son solo hipótesis que dan cuenta de la evidencia empírica del experimento de la mejor manera posible, pero son en espera de falsificación por más experiencia, más experimento. Por lo tanto, nunca deben tomarse como dogmas. Y así, la de los budistas, esa experiencia empírica que anula una teoría sobre lo empírico y que la realidad puede ser plasmada en formulaciones, ya sean matemáticas o verbal o simbólica pero siempre las supera. Siempre los elude, aunque son útiles para dar un vector, una perspectiva, una faceta, pero nunca abarcarán por completo la realidad misma. Así que para elaborar un poco sobre el diagnóstico y la prescripción de las Nobles Verdades que es realmente lo que son, están en la forma de la medicina india y la medicina tibetana; la medicina budista, el médico visita y la prescripción médica de una enfermedad simplemente sigue el patrón de los Cuatro Nobles verdades. Por lo tanto, la primera de las Nobles Verdades o hechos nobles es que la falta de comienzo y la infinidad de las vidas no iluminadas atan a los seres vivos al dolor del sufrimiento y no tiene fin solo con morir. Ha estado viniendo desde el principio ya que lo hemos estado soportando y tolerando y hemos estado trabajando en ese contexto. Sin principio. Ese es el primer hecho que es como enfrentar la insatisfacción de nuestra vida egocéntrica no iluminada. Y lo segundo es aún más importante, es el diagnóstico del síntoma que es nuestro sufrimiento. Es que el sufrimiento sí tiene un origen, su causa y eso es "ye dharmā henuestra-prabhavā", esas cosas que surgen de las causas que es nuestra ignorancia. Que entendemos mal el proceso. Que no entendemos de qué se trata la vida. Creemos que somos una entidad separada en medio de un vasto universo básicamente infinito y eterno y que, por lo tanto, tenemos que preocuparnos por todas las cosas horribles que nos pueden suceder a nosotros desde cualquier otro lugar del universo. Si somos nosotros como un ser separado versus un universo separado, no podemos ganar en esta vida. Pero así es como pensamos que es, que somos un ser tan separado, pero según Buda esa es nuestra ignorancia. Un conocimiento erróneo porque pensamos que sabemos que eso es lo que es. Como si pensara que una pared es diferente a mí y ese es mi conocimiento erróneo en realidad. Estamos interrelacionados de cierta manera y cualquier diferencia es arbitraria y no absoluta. Y luego, basado en ese conocimiento erróneo de estar separado de las cosas, me vuelvo codicioso y lujurioso y quiero unirme con otras cosas. Quiero hacerlos parte de mí y luego los odio porque no me hacen feliz o "completo". Así que lucho contra ellos y soy agresivo con ellos y soy adverso a ellos. Estos sentimientos o sensaciones son secundarios, lujuria y odio.

Aunque cuando Buda enseñó por primera vez a sus cinco discípulos acerca de la fuente del sufrimiento, dijo que es lujuria o codicia y que estaba haciendo eso porque estaban interesados en cómo no tener algo porque se estaban torturando a sí mismos. Estaba diciendo que era una forma invertida de deseo. Así que enfatizó el deseo al principio. Pero en su verdadera enseñanza en curso, es el desconocimiento, la ignorancia que es incluso la raíz del deseo. Porque si supieras lo que es, estarías perfectamente satisfecho y no estarías mirando con avidez por cualquier otra cosa serías feliz.

La tercera Noble Verdad entonces es realmente la más grande y es la única real voluntad. Es el pronóstico en el sentido médico. Es lo que podemos esperar como seres humanos si dirigimos nuestros pasos en la dirección correcta y eso es Nirvana, la terminación del sufrimiento. El sufrimiento se puede terminar alcanzando la sabiduría que elimina el desconocimiento. Entonces, la sabiduría es un conocimiento muy preciso. No es solo la resignación a algo lo que es una de las connotaciones que tiene en Occidente y es realmente prajna, la palabra prajna. Pra significa super y jna significa saber. Y entonces, el súper conocimiento es una percepción, ver realmente la verdadera naturaleza de las cosas, experimentar la verdadera naturaleza de las cosas. Eso es sabiduría en el sentido budista y, por lo tanto, la palabra en español puede no ser la mejor palabra: super-inteligencia. Pero, de todos modos, la sabiduría que elimina el desconocimiento es el conocimiento exacto y una vez que tienes un conocimiento exacto, entonces nuestra sufrimiento ha terminado. Ese es su gran descubrimiento. Buda descubrió que, si conoces el significado de la vida, si conoces el significado de la realidad en la que estás viviendo, serás realmente feliz y por lo tanto no tienes que cambiar toda la realidad. Solo tienes que cambiar nuestra malentendido y luego estarás bien. Así que esa es la terapia. Es la Noble Verdad del camino y el mismo tiene ocho ramas y estas se dividen en las tres educaciones superiores.

La supereducación en ética, supereducación en mente o control mental y supereducación en la sabiduría que es realmente en la ciencia en el conocimiento de la naturaleza de la realidad. Ahora bien, estas verdades o hechos son un modelo para un diagnóstico médico como hemos dicho; Son una receta, no son un dogma para creer. Los diferentes deben relacionarse de diferentes maneras. En cuanto al que sufre, el primero, debéis reconocerlo y afrontarlo y no racionalizarlo con pretensiones a ti mismo. Darse cuenta de que tienes miedo y de que sufres. En segundo lugar, encuentras la razón de ello, el proceso causal que te hace sufrir. El tercero es el estímulo de que podemos deshacernos de él y, al principio, la única forma en que se puede hacer es que puedas imaginar estar libre de sufrimiento porque siempre sufres. Siempre estamos insatisfechos y nunca estamos satisfechos. Incluso cuando somos felices temporalmente, no dura. Eso se llama el sufrimiento del cambio porque la felicidad da paso a su contrario. Así que no es un dogma de credo en otras palabras y respectivamente describen la enfermedad de sufrir síntomas, el diagnóstico de la causa, el pronóstico de la capacidad de curación y la propia terapia.

La tercera Noble Verdad es la más importante, no se puede enfatizar lo suficiente, la base del Buda, la apelación y el éxito de su movimiento. Es decir, es el buen pronóstico, aunque la terapia puede ser difícil. La educación siempre requiere esfuerzo e inteligencia, pero esta educación da sus frutos y es el resultado que atestigua la tradición. Pero el ser humano tiene la oportunidad y la capacidad de alcanzar la libertad plena de todo sufrimiento por medio de la sabiduría que comprende la verdadera naturaleza de la realidad. Finalmente, por supuesto, la sabiduría, la ética y la pericia mental y la capacidad de concentración para desarrollar percepciones más elevadas, etc. Eso es importante, pero es la sabiduría misma, el conocimiento de la realidad lo que es verdaderamente liberador en el sentido budista y en la educación budista. Al llamarlas las Verdades Nobles, el Buda tomó la palabra sánscrita Arya, que originalmente significa en el contexto Veda una especie de término racial. Arya originalmente se refería a ese grupo conquistador superior que luego, en el momento de Buda se había convertido en una clase superior, las tres clases superiores de sacerdote, guerrero y comerciante, el Arya, la gente, que es donde desafortunadamente los nazis obtuvieron el término y lo tomaron en un sentido racial. Pero ese era su significado inicial. Sin embargo, luego Buda lo transformó para que significara noble en un sentido moral. Donde el trabajo anterior para un plebeyo, un no ario, el Buda tomó eso para significar un plebeyo en el sentido de una persona egocéntrica. Una persona normal, acrítica, no examinada que vive la vida. Luego tomó por noble a alguien que había examinado las cosas y se había vuelto sabio para la naturaleza de la realidad y se dieron cuenta de que eran seres relativos y, por lo tanto, se habían vuelto altruistas y genuinamente preocupados por la condición de los demás, ético, empático y compasivo a ellos. Y esa es una persona noble en el sentido agradable que surge en nuestro concepto. Se supone que el superior es responsable de una manera cariñosa y afectuosa del otro que es dependiente de ellos, no sólo dominante sobre ellos. Entonces, la transformación psicológica beneficiosa que descubrió y enseñó fue lo que luego fue llamado noble y que fue realmente una transvaloración bastante maravillosa y tuvo un gran impacto en el sistema de clases indio en realidad mejoró mucho la civilización india. Al usar este término para las verdades o los hechos, el Buda está reconociendo que son no solo verdades en las que la gente común cree, sino que son más bien desafíos para la persona ordinaria egocéntrica que piensa que no está sufriendo todo el tiempo. Quien básicamente piensa que tal vez el poco de felicidad y alivio que ocasionalmente tienen de sus ansiedades es verdadera felicidad por lo que no están de acuerdo en que todo es sufrimiento. No saben que hay una causa para esa situación. No pueden imaginar una vida libre de sufrimiento, no pueden imaginar eso y por lo tanto no buscan tal educación. Simplemente aprenden como aprendices a hacer cualquier profesión que hizo su padre o madre y en realidad no les gusta el tipo de educación liberadora que fundó el Buda. Para la persona común, piensan que es natural e inevitable. Piensan que la libertad total del sufrimiento no es realista y sería aburrido de todos modos y por lo tanto no necesitan ningún tipo de educación superior. Basta con aprender para dedicarse a una profesión y ganarse la vida.

Ahora, el camino óctuple, también se divide en las tres súper educaciones.

¿Y qué son?

Las tres supereducaciones, o educación superior, son la Sabiduría. Que es el conocimiento exacto de la realidad. En la moral ética, que es disciplinar el cuerpo, y la mente, cuerpo y palabra, en particular y también mente. Pero cómo disciplinar para apuntar hacia lo positivo, una especie de imitar estar en Nirvana antes de llegar allí. Siendo ético. Y tres, mente o Cultivo Mental. Desarrollar un poder superior de la mente meditando y cultivando la concentración.

Así que esas son las tres educaciones superiores. o supereducaciones. Las Ocho Ramas del Camino Noble encajan en eso. En aquel uno y dos, que se llaman la visión realista del mundo y el propósito realista de la vida. Conectan con el conocimiento exacto de la realidad y la educación superior y sabiduría y es una especie de primer puesto porque primero tienes que corregir cualquier tipo de ideología que apoye el desconocimiento básico, el desconocimiento egocéntrico que hace que te confundas, y malinterpretes la realidad.

Luego, la súper educación en el habla, la acción y el sustento, los próximos tres, tres, cuatro y cinco, constituyen la supereducación en ética. Donde, el habla es considerada una parte muy importante acto evolutivo o ético. En eso, el buen discurso crea resultados positivos y mal discurso mentiras dañinas. El lenguaje duro, etcétera, es muy perjudicial y así sucesivamente. Entonces, la acción es, acción evolutiva, o acción kármica, acción que controla lo que te sucede en la vida. Se obtiene un resultado de lo que se hace y, Buda tomó la palabra 'karma', en este caso, fuera del ritual védico donde, como recordarán, era la acción que haces en un ritual para que los dioses te favorezcan, y para que salga todo bien en nuestra vida, y para determinar su destino de una manera positiva. Buda dijo, no, los Dioses no están siendo quienes determinan esto. Eso no es karma. Nuestra karma es lo que haces éticamente. Si repartes lo que repartes en el mundo, lo recuperarás del mundo. Quien vive a espada muere a espada. Quién vive con amor y altruismo, a los demás les gustará esa persona y tendrán buenos resultados en su interacción con otros seres en el mundo. Entonces, el karma se convirtió en algo equivalente a la evolución, en realidad. Cómo le damos forma a nuestra forma de vida más positiva, en esta vida y en las futuras, en lugar de algo físico, genético, algo. cómo, la evolución lo considera en occidente y, por supuesto, el sustento, entonces, es la acción práctica de cómo vives en el mundo.

Los puntos seis y siete del Octuple noble sendero son comenzar a ser consciente de la forma en que su mente funciona internamente. Y el ocho Concentración, es donde comienzas a desarrollar un poder mental superior. Donde realmente puedes, más o menos, hacer lo que entiendas que es la realidad. Realmente deberíamos transformar la realidad con nuestra mente, en realidad. La visión realista del mundo, a través de la corrección de la visión del mundo poco realista. Hay una forma en el budismo donde Buda dice lo que debemos hacer, así que lo haces y, entonces, estás siguiendo una regla y lo podemos hacer bien o mal. El realismo indica que todo se basa en la comprensión de Buda de la realidad y si sabes lo que es real, entonces naturalmente serás ético. Naturalmente, tendrás una mente tranquila, una mente sabia, entonces, realista y no realista, es mucho mejor, en términos de encajar en la forma en que el mundo, la realidad es realmente. Lo contrario al realismo es lo irreal y tendemos a vivir en negación. Entonces, es la obra principal de la sabiduría, la idea de ser esa visión del mundo o creencias que debe reflejar la realidad, y por lo tanto el significado, siendo realista. La cosmovisión realista, por lo tanto, es más científica que religioso, en realidad. Buda no está pidiendo creer en algo invisible, inexperimentable. Sólo por creencias razonables y básicamente, lo principal en lo que crees es en la causalidad. Y eso es solo ser realista. Eso no es algo alto, como, del cielo, o, alguna cosa invisible. La causalidad es, en cierto modo, indivisible, porque no saber necesariamente cuales son las causas de las cosas cuando se miran al principio. Pero, básicamente todavía, es muy práctico. Consideremos cuando las personas hablan de Occidente como en desarrollo de la ciencia, procedente de Grecia. Han hablado de la descubrimiento de la causalidad por el griego antiguo, dicen sus pensadores, y ellos, hacen un gran alboroto como si hubiese sido Occidente quién descubrió la causalidad. Buda también dijo, después de su propia experiencia de iluminación, que la realidad última está más allá de toda descripción. Más allá de las creencias conceptuales ordinarias, y sólo puede ser experimentado por la conciencia abierta. De esta manera, sus enseñanzas son como las de la ciencia. Privilegiando la experiencia y el experimento, sobre la creencia y la teoría. Entonces, como científico, criticó y evitó todo dogmatismo.

Ahora bien, ¿qué es la ciencia budista, entre comillas, ciencia?

El Buda, él completamente, se convirtió en el ideal de un científico, que es alguien que en realidad conoce la realidad, sabe lo que es. Como si Einstein hubiera sabido realmente cómo encaja la gravedad con electromagnetismo en una visión vixferencial completa ese sería el ideal de la ciencia. Pero en realidad la ciencia materialista porque piensa la realidad es solo un montón de cantidades, cantidades materiales, obviamente nunca hay un final para contar todas las infinitas cantidades materiales, para que tengan una idea preconcebida aprendes un poquito de algo, no se puede aprender de todo, entonces siempre vas a revisar tus teorías y obtener más datos, más información sobre las cantidades, esa es la idea. Mientras que, en realidad, Buda enseñó un método basado en la experiencia metafísica filosófica, y no pensemos la metafísica es solo algo extrasensorial no comprobable. Metafísica significa la naturaleza de la realidad, esa rama de la filosofía en los viejos tiempos. Y una física

material que postulaba una relatividad universal
basado en el descubrimiento de la vacuidad de
cualquier supuesto absoluto no relativo. Y lo
que esto significa es que Einstein, por lo que es
célebre, su relatividad, fue aún más completo,
brillantemente descubierto por Buda, que miró
la idea de un dios absoluto, miró la idea de una
esencia absoluta de cualquier fenómeno.
Observó la idea de algún tipo de energía
absoluta, o materia absoluta, y descubrió que no
existe tal cosa como un absoluto, en cierto
modo. Y por eso llamó absoluto a ese vacío del
universo de cualquier supuesto absoluto y eso
significa que la relacionalidad de todo es
equivalente al absoluto, ya que no hay nada
fuera de ella y esto es considerar un remedio
fabuloso por el sentimiento interior que
tenemos que hay algo en nosotros eso es aparte
de todo lo demás, que nunca cambia, siempre
es nuestra inmutable especie de alma, o esencia
o mente; o en el caso de los materialistas, que
han rechazado que, con razón, piensan que la
nada dentro de ellos mismos es un absoluto y
ahí es donde van cuando mueren, simplemente
dejan de existir. Entonces, en cierto modo, es
como un lugar al que creen que van. Así que
eso se ha convertido en su absoluto, porque
todavía no han tenido realmente la idea de lo
que los budistas llamarían el vacío de la nada, lo

que significa que la nada misma no tiene esencia absoluta y es solo una palabra verbal arbitraria eso no tiene ningún referente real. Así que esto es clave, esta intuición de Buda. Nos sorprende porque no pensaríamos eso, si nos dimos cuenta no había manera de salir de esta relatividad y si reemplazamos visceralmente el aceptado estado completamente comprometido en esta relatividad que experimentaríamos la relatividad como algo dichoso, como una cosa maravillosa, no habría problema. Incluso podríamos lidiar con algunas cosas aparentemente que otros pensarían como algo negativo, podríamos absorberlos fácilmente con recursos de dibujo del infinito de la relatividad, algo así. Aunque de nuevo recordemos, cualquier cosa que diga no será completo porque es indescriptible.

En segundo lugar, el Buda enseñó una biología sistematizada, la teoría de la evolución del cuerpo, materia, habla, información y mente, energía sutil a través de acciones éticas de cuerpo, palabra y mente. Él transvaloró la palabra védica anterior de Karma, que había significado para los Vedas la acción ritual que determina el destino de uno aprovechando los dioses para recibir su ayuda y evitar su daño. Eran como el tipo del Antiguo Testamento de deidades feroces. Más bien enseñó que son los procesos causales de las propias acciones individuales, éticas o no éticas. Incluyendo acciones verbales y mentales. De las cuales, esos son los determinantes del destino de uno. Así que las acciones es lo que haces y hace lo que eres, la forma en que eres. Básicamente, en otras palabras, fue su percepción y eso es lo que determina tu destino y predomina sobre los genes físicos de nuestra especie, o padres en la configuración de su forma de vida y sus encarnaciones incluso en vida tras vida. Y no hay final para este proceso por el tipo de aversión, una versión premoderna de la ley de la conservación de la energía que nunca se ha destruido, ninguna energía puede volverse nada, siempres es algo. Y la mente es solo una energía muy sutil y por lo tanto tampoco puede convertirse en nada, o no puede haber sido nada desde el principio; por lo tanto, estás atrapado en este mundo infinito y si no entiendes lo que es vas a sufrir, pero si lo haces, no vas a sufrir. Esto entonces hace que su motivación realista sea usar tu inteligencia humana para descubrir eso. Entonces, en tercer lugar, el Buda también enseñó una física de la relatividad, vacío y relatividad. Tenía una biología de tu acción como moldeando tu destino y tu vida, en lugar de los dioses y la revolución antirreligiosa en realidad. Una ilustración occidental anterior al siglo XVII, 500 años a.C y a esto lo llamamos iluminación oriental. También enseñó una psicología sofisticada llamándola ciencia interior. El Rey o la Reina de las ciencias, dado que la comprensión de lo sutil y los procesos causales que dan forma a la mente individual es indispensable para mejorar la calidad de vida de los seres sintientes. Y aquí hay un verso maravilloso de un gran erudito budista llamado Shanti Deva donde dice, "si no te gusta caminar descalzo en el mundo porque podrías pisar cosas afiladas, espinas y vidrios rotos, y rocas y cosas. Tienes dos opciones. Uno, puedes cubrir el mundo completamente con cuero, que sea un planeta de ante y camines muy suavemente por todos lados. O bien, puedes hacerte un par de sandalias.

Esto es realmente maravilloso porque esto es por qué la ciencia budista desde el principio hizo de la psicología la ciencia más importante. Porque la forma en que tu mente es como la suela de la sandalia, si tu mente es adaptable a cualquier situación y puede sacar lo mejor de ella incluso situaciones aparentemente adversas. Entonces vas a pasar un tiempo feliz. Si tienes buenas circunstancias. Eres rico, la gente como tú, es feliz, es agradable, pero te pones de mal humor y tu mente está de mal humor, vas a pasar un mal rato. Así que la mente determina realmente mucho tus reacciones a las cosas en términos de la calidad de las experiencias de ellos mismos. Y esta fue la razón por la que la ciencia budista se centró especialmente en la psicología y le horroriza la idea de personas que piensan que una ciencia realista va a actuar y vivir y trabajar en negación incluso de la existencia de la mente de los propios científicos. Eso se considera una locura. Porque sus mentes son las que están en ser el científico y hacer juicios, teorías, matemáticas y todo. Y entonces no tengo uno. Es solo completamente abnegación de una manera.

Los monasterios que fundó el Buda para la comunidad de hombres y mujeres mendicantes, monjes y monjas, fue donde se emprendió en las súper educaciones. Recuerda la ética, la mente y la sabiduría. se convirtió en el núcleo de las grandes universidades de la India que también enseñaba las ciencias exteriores. Y sus raíces en la lingüística, la lógica, matemáticas, astronomía y medicina todas ramificaciones en botánica, agricultura, ingeniería, arquitectura, derecho, música, teatro y literatura. Así que estas eran universidades maravillosas durante el tiempo que tuvimos edades oscuras en el oeste de Europa en la India no tuvieron una edad tan oscura hasta que fueron conquistados por los occidentales en el primer caso, musulmanes occidentales en el segundo caso, Occidentales cristianos y secularistas.

Entonces, ¿cómo funcionaron las súper educaciones en la práctica? La sabiduría es científica, y el conocimiento conduce a un camino del sufrimiento a la dicha ya que descubre que la realidad misma es la dicha de la libertad total del sufrimiento. Nirvana la tercera noble verdad es la única realidad real según la ciencia de Buda. Las otras tres nobles verdades, es decir sufrimiento, sus causas y los caminos a liberarse de ella. Según Buda las cosas buenas son malas y buenas, pero aun así son sólo realidades relativas. No son totalmente inexistentes, por supuesto, pero son una realidad menor, por suerte y algo menos real que la realidad real que es el Nirvana mismo. Que es todo en última instancia. La verdad debe ser probada por inferencia y experimentar ambos y ser conocidos por uno mismo. Inferencia realista y se considera una inferencia precisa una teoría realmente importante y muy importante por supuesto pero la experiencia lo supera. Y la teoría solo lleva a la experiencia y entonces la experiencia va más allá de la teoría y la inferencia. Pero eso no significa que la teoría y la inferencia no son importantes. Mucha gente malinterpreta el budismo creen que no tienen teorías, no pienses nada, no uses tu mente y razonamiento e inferencia. Y eso, por supuesto, es totalmente incorrecto. Entendimiento erróneo ya que lo que postula el budismo es la inferencia es esencial y conduce a la experiencia, aunque esa experiencia irá más allá de cualquier fórmula de inferencia que esté usando; apuntarse a sí mismo, apuntar la mente a la realidad válida. Durante muchos siglos los budistas fueron científicos internos - Ananga y Adhyatmika -; una persona interior. Así se llamaba a un budista.

Ahora, Dharma como realidad en su más alto significado, más allá incluso del significado de la enseñanza, es la realidad enseñada. En el mundo relativo, todas las cosas son sin principio e interdependientes. Incluso la muerte no es el final de todo para un ser individual. La energía sutil de la conciencia nunca se destruye, al igual que la energía material. Es energía material súper sutil. La realidad relativa lo es todo y ninguna persona o cosa es realmente real o verdaderamente posee la facticidad masiva, en el gran término de Peter Burgers. Hay una imagen relativa del mundo, aunque ninguna imagen relativa del mundo es absoluta es la realidad absoluta. Sólo una descripción conceptualmente apropiada, en un contexto determinado, en el que tenemos los seis reinos de los seres, los reinos divinos incluyendo el material sutil y los estados divinos inmateriales. No hay dioses o estados absolutos, incluso en el vehículo dualista de los budistas Theravada y los budistas Mahayana. Hay una conciencia del poder de las emanaciones mentales, manomaya kaya como le llaman, incluido como un fruto bastante alto de la vida sin hogar. La idea dualista del Nirvana como un absoluto, aparte del mundo, se equivoca de acuerdo con el pensamiento Mahayana no dualista. Si el Nirvana fuera una realidad absoluta, aparte de realidades relativas, su apartamiento lo relativizaría. Es tan simple como eso. Habría un límite, una puerta hacia él, se dejaría uno para entrar en el otro, entonces se convierte en un espacio relativo, ya no es lo absoluto. Un tipo común de persona ordinaria tiende a pensar en Nirvana como absolutamente otro sólo al principio de su camino y esta creencia o esta imaginación que tienen, ni siquiera en el Budismo Theravada es confirmada por el Buda. Solo les permite pensarlo temporalmente, para tratar de cambiar su experiencia de sufrimiento relativo. Porque una persona así no puede imaginar ya que son tan sensibles al sufrimiento de la vida, que no pueden imaginar que estos dolores y ansiedades y la angustia y demás, en realidad podría ser felicidad, si entendiera lo que realmente estaba pasando. Esto es inimaginable para la persona común así que automáticamente pensarán: "Oh Nirvana debe ser un estado completamente diferente" y luego apuntar a ese otro estado. Ahora, en general, esta es una tendencia entre los místicos donde creen que de alguna manera uno está con Dios incluso en situaciones monoteístas. Es una especie de dejar el universo porque Dios lo crea pero de alguna manera está separado de él y entonces estos están proyectando la idea de un absoluto, aparte de lo relativo, eso nunca es menos relevante para el relativo. Es un error humano común proyectado desde el sentimiento que el núcleo de nuestro propio ser es una especie de identidad absoluta, una verdadera igualdad, una verdadera esencia inmutable que está dentro de nosotros. Entonces, como sentimos eso, pero no podemos encontrarlo, luego lo proyectamos en todo tipo de cosas ya que en realidad no podemos alejarnos de nuestra interconexión con todo, imaginamos que hay alguna forma de hacerlo.

De ahí el enfoque aparentemente dualista de Samsara Nirvana del Budismo del Vehículo Individual, como nos gusta llamarlo. El mal llamado Vehículo menor no es tal porque es fundamental e importante para el Vehículo Universal. Si bien es solo un significado interpretable en las enseñanzas budistas de Thermenuda. El fruto del engaño de ser un yo absoluto aparte de las cosas relativas, como el dolor, causa naturalmente que la persona engañada proyecte y busque un estado de separación absoluta como una forma de tratar de retirarse del enredo en la relatividad y esto, en realidad, es algo que los materialistas, filósofos y científicos están muy contentos. Sienten que esto confirma su materialismo. La idea de que no hay escapatoria y no hay un dios absoluto que los controle y no hay alma absoluta dentro que dios pondrá en un infierno absoluto. Pero, tienden a convertir la nada en un absoluto y sienten que es a donde voy cuando muero y así estoy desconectado, en realidad, de toda esta relatividad. Así que todavía mantienen en su mente, una imagen de algún tipo de cosa absoluta aparte e incluso psicóticamente, por lo tanto, aquellos de nosotros educados, como todos, en escuelas donde los científicos nos lo cuentan como si lo hubieran descubierto, que la verdadera realidad de todo es nada. Que somos algo así como nada. Y por lo tanto personas en situación de gran dolor, como la gente en lo alto del World Trade Center, que no quería quemarse hasta morir tomaron la elección de saltar, pensando que morirían golpeándose contra el pavimento

o asfixiándose en la caída. Como una forma
más rápida y fácil de ir a la nada, entrando en el
anestésico universo de la nada y huir del dolor y
eso quiere decir que estamos pensando que, en
el fondo, no somos nada, ahora mismo y eso,
por supuesto, es muy deprimente en un nivel
subliminal y por supuesto, completamente
irracional también. Entonces, la liberación de
este conocimiento sobre un yo absoluto no es
la extinción del yo relativo. Libera al yo relativo
de la prisión de su carácter absoluto habitual e
instintivamente asumido. La concentración y la
percepción de la sabiduría, en combinación, es
la clave para tomar conciencia. El nirvana no se
está quedando en blanco, como si estuviera casi
inconsciente, como se evidencia en el discurso
de la tradición Theravada, llamado Frutos de la
vida sin hogar en traducción, eso es Sutta.
donde la meta más alta de la vida ascética, o la
vida del buscador según Buda, hablando con un
rey, es llegar a un lugar de contemplar un
estanque cristalino. La realidad se vuelve como
un estanque cristalino para ti, en lo alto de las
montañas, donde se puede ver cada pequeño
guijarro y planta en el fondo del estanque. Ahí
mismo ese Nirvana, que está describiendo allí,
no es una especie de desconexión de toda
conciencia relativa. Es una completa claridad de
conciencia. Y ser consciente de todos los

diferentes cambios y cosas de una manera completamente nueva y agradable.

¿Qué es ahora la súper educación, el segundo tipo kwan? La supereducación en la moral ética. Está conectado con el Buda y la teoría biológica de la acción evolutiva, o karma. Un camino de diez veces de acción evolutiva hábil e inhábil. En un sentido evolutivo, no es hábil quitar la vida, y hábil no hacerlo. No es hábil robar ni tomar lo que no se da, y es hábil para dar en cambio. No es hábil usar la sexualidad de manera dañina, y hábil sólo para usarla con amor, en el sentido de provechosamente. Estos son los tres caminos del cuerpo. Por supuesto la vida material, que sobre la palabra que se usa, se llama hábil y no hábil porque al hacer el bien y el mal ya que apuntamos a un mejor estado de ser. Para nosotros y para los demás y cuando hacemos cosas malas estamos provocando un estado menos bueno de nosotros mismos y de los demás y entonces es una acción virtuosa. Y cuando pensamos en la virtud, pensamos en la piedad, compasión, amor, etc. Pero la palabra sánscrita kushala en realidad significa hábil porque están hablando de evolucionar conscientemente. Usar la acción como forma de evolucionar conscientemente en convertirse en un mejor ser y, por supuesto, en un grado extremo, un significado extremo de mejorar, nacer en un cuerpo mejor, en realidad en una existencia futura. No es hábil mentir, hablar de forma divisiva, hablar ásperamente y hablar sin sentido. Estos son los cuatro caminos verbales de acción torpe. Y es hábil decir la verdad, hablar reconciliando, eso no es dividir, sino unir a las personas, ayudando a dirigir diplomáticamente: el habla con dulzura, no con dureza, con sentido, porque cuando hablamos otra persona nos está escuchando y tenemos el privilegio de una especie de ocupación de la mente, por imperfecta que sea la palabra, para transmitir realmente una comprensión diferente. Entonces, si no te lo tomas en serio, el privilegio de que alguien más te escuche, y solo balbuceas sin sentido o engañosamente, o pretenciosamente, simplemente desperdicias su espacio mental y es perjudicial para el otro que escucha. Mientras que, si eres significativo, entonces sacan algo de valor en nuestra habla y se mueven a un nuevo espacio en su propia mente. Estos son los cuatro caminos hábiles del habla, por lo tanto.

Mentalmente no es hábil codiciar, ser celoso, codiciar algo que otro tiene, es una falta de habilidad odiar y ser malicioso y pensar en cómo hacer daño. Tampoco es hábil ser encarcelado en una visión irreal, andar dando vueltas en un mundo que crees que es una cosa, pero en realidad es otra. Y realmente no sabes dónde estás o lo que estás haciendo. Eso es muy poco hábil y es hábil por lo tanto ser de hecho generoso y desprendido de las cosas y disfrutar de otras personas, disfrutar siendo ellas o tenerlas. Es hábil amarlos y apreciarlos, y admirarlos y disfrutar de lo bueno de ellos, y no odiarlos. Y es hábil tener una mente abierta, y tener una vista realista de que está abierto a la maravilla de la realidad. Aparte de cualquier teoría particular que se aferra a tal o cual manera. Tan hábil para desprenderse, para amar, y estar realistamente abierto a la vista. Al darse cuenta de que los actos hábiles es beneficiar a uno mismo, así como a los demás, tanto inmediatamente como en el futuro evolutivo de cada uno. El interés propio ilustrado refuerza el altruismo de la moralidad ética y poco a poco uno se vuelve super educado en la moralidad ética o ética con el objetivo de desarrollar cada vez más hábitos e instintos incluso para la habilidad evolutiva. Hasta que lo positivo se vuelve natural y sin esfuerzo. En resumen, el Buda enseñó una teoría de la evolución en que la persona individual pueden mejorar conscientemente su encarnación y experiencia actuando hábilmente para lograr mejores consecuencias y condiciones en su vida inmediata y en su vida futura.

Llegando a las dos ramas finales del óctuple sendero, y la tercera súper educación, llegamos a la súper educación en la mente o en la concentración y esto nos lleva al uso budista de la meditación, que con demasiada frecuencia la gente ha pensado erróneamente fue lo principal y lo único de lo que se trata el budismo, la gente piensa que el budismo es solo meditación lo cual no podría estar más equivocado, en realidad todo el mundo religioso posee la meditación. Incluso meditamos cuando vemos la televisión. Cuando ves las noticias, te asustas y te vuelves paranoico, y votas por la dureza contra el crimen, y cuando ves comerciales, nos sentimos insatisfechos con el coche que tenemos, la casa que tengamos en ese momento, mujer o marido que tienes, nuestra ropa, y queremos salir corriendo y comprar cosas nuevas. Así que la meditación es algo que todo el mundo está haciendo todo el tiempo. Una vez que uno tiene la base, en la meditación budista nota la última de las tres cosas. Llega al final del camino óctuple. Eso es porque una vez que uno tiene una base en una perspectiva más realista, y una reorientación en la elección ética, uno puede dirigir fructíferamente su atención hacia adentro en la práctica de la atención plena o del recuerdo de sí, explorando el funcionamiento de la mente, los mecanismos de la neurosis de ansiedad y depresión habituales, la psicosis del hábito rígido de la identidad propia, enredado alrededor del sentido de ser un yo central absolutamente separado, incluso si pensamos que ese ser central es la nada, y poco a poco, liberándose de impulsos involuntarios habituales y reactividad. Empoderado por tal control más positivo autoconciencia, uno puede cultivar estados de concentración más intensos, que se puede aprovechar para potenciar la sabiduría dentro del proceso, para profundizar exponencialmente la penetrante exploración de la naturaleza de las realidades mentales y físicas.

En realidad, por lo tanto, donde encaja la meditación es, donde a la sabiduría, has obtenido una cosmovisión más realista, pero tu cosmovisión realista no está de acuerdo con tu sentimiento subyacente instintivo y visceral sobre la naturaleza del mundo, tan realista, sabemos que somos relativos. Somos seres relativos, y en constante cambio, de manera realista en nuestra cosmovisión, pero nuestro presentimiento, es que todavía estamos separados, somos el verdadero yo, y estoy aparte de todo, todavía sentimos eso. Y luego la ética nos calma, donde somos capaces de concentrarnos porque no estamos peleando con todos todo el tiempo, no estamos más ansiosos sobre lo que nos está pasando. Así estamos más tranquilos y entonces podemos concentrarnos en lo que entendimos en la cosmovisión realista, y podemos traer eso desde el nivel intelectual hasta el nivel visceral, donde entonces se vuelve verdaderamente transformador para nosotros. No crean que estoy diciendo que la meditación no es importante, es totalmente importante, pero solo es importante en el contexto de haberse convertido más realista antes de tiempo. Necesita un modelo racional, inferencial y realista cosmovisión base, y un contexto ético, también, y entonces realmente puede funcionar bien. De lo contrario, si solo meditas en tu propia ignorancia, egocentrismo y ansiedades y todo, la meditación puede hacernos más infelices, en última instancia, en realidad y temporalmente, podría darnos una especie de calmante, donde como un tranquilizante, no voy a pensar en lo que me preocupa, pero en realidad no te habrás librado de lo que te preocupa y, por lo tanto, es como un paliativo. Puede volverse un poco adictivo, y puede volverse auto-desafiante considerando que, si se usa en el contexto del aprendizaje, y también de cambios en el comportamiento del cuerpo y el habla, entonces puede ser realmente elevador y transformador.

El papel de las tres súper educaciones que constituyen el Dharma y la práctica natural es nada menos que la iluminación misma. Uno está bien educado cuando está iluminado experiencialmente en contacto con la realidad de uno mismo y del mundo.

No hacer daño a los demás de forma automática y empática sintiendo preocupación por su estado de ser y cómo su acción lo afecta y realmente en control de tu propia mente y tus impulsos y tu reactividad. Para que puedas restringir cualquier tipo de estado mental negativo sin correr a comprar Prozac.

¿No sería genial? Y según Buda eso es posible.

El revolucionario descubrimiento de Buda no era algo religioso, era que el ser humano puede comprender el mundo en su totalidad. No aceptar cuando los científicos dicen que no puedes entender, que no existe tal cosa como un ser iluminado en el sentido de un Buda porque nadie nunca va a entender todo en su totalidad. Se hallan en una prisión de cuantificabilidad del materialismo.

Según Buda el mundo puede ser conocido y experimentado completamente libre de sufrimiento. Entonces eso deja de ser doloroso cuando se entiende el mundo y se está libre de sufrimiento e incluso te sientes dichoso pase lo que pase.

Su santidad el Dalai Lama siempre dice que no quiere convertir a nadie cuando da una charla sobre el budismo o algo en algún país no budista. Quiere que todos se queden con la religión de su abuela para tranquilizarlos acerca de algo sobre tienes que ser miembro de algo. Quiere que usen lo que sea que tenga que decir tal vez de la tradición educativa, pero no de forma religiosa ya que eso podría confundir a alguien que pensará en ello como una religión, y lo que realmente importa es la enseñanza de utilizar lo que él dice para aprender algo sobre ellos mismos para que de hecho puedan mejorar la calidad de sus vidas como judío o cristiano o secularista o un musulmán o un hindú o un confusciano o lo que sea. Y también dice que quisiera que los cristianos no intenten convertirlos porque eso conducirá a un conflicto religioso en este tiempo moderno y eso es peligroso. Entonces, lo que estamos haciendo es simplemente tratar de interactuar con sistemas de educación en otras sociedades, eso es todo. Para que las personas estén más a cargo de sus vidas y en la medida en que aprenden algo; cómo gestionar su ética, cómo manejar su mente y cómo manejar su visión de la naturaleza del mundo. Tendrán una vida mejor y en realidad también serán más amables entre ellos. El dicho de nuestra cultura la ignorancia es felicidad implica que el conocimiento de la realidad sería fiel a deprimente. No funciona de todos modos. En las enseñanzas de Buda, la ignorancia no solo no es felicidad es la fuente del sufrimiento y la sabiduría de conocer verdaderamente la realidad es la fuente de dicha para uno mismo y para los demás.

La sangha y la revolución en las sociedades índicas

Detallaremos el impacto social de la primera orden mendicante budista como revolución contracultural y movimiento educativo, incluido el papel de la mujer en las primeras comunidades budistas. Examinaremos el camino óctuple que ofrece principios realistas para vivir una vida ética y humana, y analizaremos cómo el emperador indio Ashoka llegó a difundir ampliamente esos principios.

El Buda y el Dharma son las dos primeras de las Tres Joyas y estas joyas son el refugio del sufrimiento. Si alguien que quiere ser budista o iluminarse, busca refugio en ellos y la tercera joya es la Sangha, o la comunidad porque la gente necesita la compañía de otros buscadores de ideas afines. Ahora, como hemos explicado al hablar sobre el Dharma, el último refugio en realidad es la realidad, porque el descubrimiento de Buda fue que la realidad misma es el nirvana, la libertad del sufrimiento y así, en última instancia, al estarse refugiando se convierte en un esfuerzo por comprender la realidad y ese es el refugio. En realidad, darse cuenta de que la realidad misma es un refugio y no el lugar peligroso que habitualmente se supone que es.

Porque parece ser que solo porque no conocemos su verdadera naturaleza creemos que somos una entidad separada y el resto del universo es otra cosa contra nosotros o frente a nosotros al que nos enfrentamos y naturalmente, nos sentimos abrumados por este vasto universo de todas las demás personas y de todas las demás cosas. Así que, si conociéramos la naturaleza de la realidad, conoceríamos nuestra interconexión con todo ello y esto nos asustaría menos y en realidad, si realmente lo supiéramos visceralmente, totalmente libre de sufrimiento, eso sería el nirvana. Ahora, por supuesto, el conocimiento lleva tiempo y así, un sentido de fe o confianza en la posibilidad de una vida accesible, segura, libre de sufrimiento, la realidad es el motivador inicial. En la experiencia temprana de la gente que conoció al Buda después de su iluminación, parece que su propia presencia creó un campo poderoso, lo que llaman un mandala, lugar guardián de la mente, o campo de carisma, se podría decir.

En su presencia, la gente sintió una sacudida que sacaron de sus preocupaciones diarias y desviaron su atención de sus habituales preocupaciones y de la narración de su propio yo navegando a través de la vida hacia algún tipo de máxima preocupación. La naturaleza de la realidad misma, la naturaleza de ellos mismos, lo que están haciendo, cuál es el significado de lo que están haciendo y así sucesivamente. Entonces, un ejemplo es la historia del primer encuentro de Buda como un Buda con sus cinco compañeros anteriores en ascetismo, que lo había dejado disgustado eventualmente cuando rechazó la autotortura de mortificar el cuerpo y comenzó a comer y a sanar su cuerpo desgastado, porque lo había estado haciendo durante años con ellos. Cuando lo vieron venir una vez que era un Buda, se murmuraban unos a otros, "No presten atención. Aquí viene esa evasión, el gordo y feliz Siddhartha. Ya no es uno de nosotros." Pero cuando se acercó a ellos, se sintieron levantados involuntariamente sobre sus pies, y presentaron sus respetos. Sintieron una inexplicable sensación de alegría y asombro al sentir su nueva condición y olvidaron por completo que estaban tan enojados que ya no se torturaba a sí mismo. Entonces, un poco nervioso, tratando con esta nueva persona, su líder, Kondanna, dijo: "Hola amigo, ¿cómo estás?" Y entonces Buda respondió de inmediato: "No me llames amigo, ya no soy el Siddhartha que conocías. Ahora soy un Buda". Así que la combinación de su campo y esa declaración los hizo sentarse en atención. Y entonces comenzó a enseñarles, o como habitualmente se dice, a "Girar la rueda del Dharma". Básicamente, enseñándoles no que tenían que creer algo en particular, no que pudiera salvarlos siquiera, sino simplemente los Cuatro Nobles Hechos, o las Cuatro Nobles Verdades, que la vida es sufrimiento, solo una repetición; que hay una causa que se puede entender, que hay una libertad de eso, cuando realmente lo entienden cuando están en el nirvana y luego hay un camino de ocho ramas de tres estudios superiores que les permitan realizar la verdadera naturaleza de las cosas y la libertad del sufrimiento. Sobre esa enseñanza, Kondanna, la líder del grupo, alcanzó la etapa de iluminación conocida en el posterior, en la tradición sistematizada lo que significa que dejó el tipo de posición rígida de ser un ser aislado, alienado del universo, y entró en la corriente de la relatividad, de estar relacionado con todas las cosas en el universo. De todos modos, no hace falta decir que no se convirtió en budista porque no había tal religión para inscribirse. No había budismo, solo esta persona que había conocido que se había iluminado y que ahora se hace llamar Buda.

Este nuevo estilo de vida les permite ser mendicantes, les permite entrar en el camino, que es la Cuarta Noble Verdad y hacer de eso el propósito total de sus vidas. No más trabajo productivo, no más familia, no más textos, etcétera, no más sustento, obtienen un almuerzo gratis de todos en la comunidad y pueden meditar y pueden estudiar y aprender y desarrollar su mente, evolucionar conscientemente hacia una forma superior de ser como ellos creen. Así es como la comunidad primitiva de buscadores de iluminación se formó. Al principio, no había reglas de disciplina, sin artículos de membresía. Solo estaba la presencia del cambio cognitivo al encontrarse con el Buda y su enseñanza o uno de los discípulos ya iluminados de Buda y su enseñanza y luego una vez aseo personal y la ropa, el nombre y la pertenencia a la casta cambiaron, y cada uno salió de la suya, y después pasaron a convertirse en buscadores mendicantes, el estilo de vida de la iluminación en la comunidad Sangha.

Entonces el ser humano piensa, "mejor me doy cuenta de qué es esto porque siento dolor, y no sé exactamente a dónde voy, y no sé cómo funcionará realmente, no se en que confiar, no sé cuál es el significado, no sé lo que soy. Así que tenemos suerte de tener ese tipo de capacidad para cuestionar nuestro papel en la vida, en la biología y sea lo que sea, y hacer algo, según él. Recordemos que en dicha época no había lugar para la educación de las personas como individuos para sacar a relucir su propia inteligencia y sus propias cualidades positivas, su compasión y su autocontrol y su tolerancia y demás, porque siempre se acababa de hacer lo que nuestro padre había hecho, su oficio. Se era zapatero si él lo había sido; guerrero si él era un guerrero; dabas a luz si eras hija de tu madre y así sucesivamente. Cada uno acababa por hacer lo que se suponía que debía hacer según tu lugar de nacimiento. Así que cada escuela era de aprendizaje, era todo lo que tenían. No tenían la idea de la educación liberadora y obviamente si la comprensión es lo que te libera del sufrimiento, según su idea, entonces no puedes producir comprensión en las personas simplemente haciéndolas recitar alguna creencia. Esto no lleva a entender. Conduce al lavado de cerebro, conduce al adoctrinamiento. Se necesita educación, no se puede entender Biología 101 repitiendo el título del libro o incluso leyendo en voz alta. Se deben realizar experimentos. Buda tuvo que fundar una educación fuera de las normas del sistema de aprendices que prolongaba la vida de los diferentes estados en su sociedad y luego se le ocurrió porque había sido entrenado para ser un general como un príncipe y tener un ejército y era bueno administrando, tenía buenas ideas sobre la gestión de grupos de personas, inicialmente principalmente hombres, por supuesto, porque sus soldados eran principalmente hombres, eran enteramente hombres en aquellos tiempos y así se le ocurrió la idea de la orden mendicante. Lo llamamos monje, pero no era como los monjes cristianos. El mendigo significa alguien que obtiene comida gratis mendigando y no tiene un hogar en ese sentido y no tiene familia. Tienen voto de pobreza, celibato, veracidad y no violencia, esos son los cuatro principales votos que tienen. Esto fue lo que fundó y luego esos mendicantes vienen de todas las castas, y tienes un Shudra que normalmente ni siquiera puede tomarse de la mano o tocar a un brahmán. Un brahmán se vuelve fóbico si lo hacen.

Si un intocable se adentra en una aldea de brahmanes indios, se encuentra en graves problemas, por lo que fue así, pero Buda ordenó a personas de todas las castas. Ingresó a personas en la orden mendicante de todos los caminos, como una forma de crear un lugar donde las personas puedan educarse, especialmente internamente. Decía transformación interna, enfócate en la transformación interna. Para que pudieran hacer eso y ser apoyados por la sociedad y la sociedad los apoyó porque tenían el excedente para hacerlo. A todo tipo de personas, de todas las castas, y todas las clases de la sociedad, llegó a la presencia de Buda, o después de algún tiempo a medida que se expandía, la presencia de uno o dos de sus discípulos iluminados.

En gran medida, la población dejo de hacer lo que estaban haciendo, y dependiendo en sus circunstancias, alcanzaron cierto nivel de disrupción cognitiva, se podría llamar, o transformación, y adoptó el estilo de vida mendicante. Guerreros, mercaderes, sacerdotes brahmanes, incluso aquellos que habían salido a ser ascetas en el bosque, todos se unieron en gran número. Como los números aumentaron, por supuesto, la sociedad también sintió la perturbación, y ciertos problemas surgieron gradualmente. El rey de Magadha, Bimbisara, que fue un fuerte partidario por instinto del Buda, pidió al Buda que emitiera un conjunto de reglas para la comunidad Sangha, en paralelo con otras comunidades que se estaban formando de otros maestros de la época. Al principio, el Buda se negó a hacerlo, diciendo que las reglas solo surgirían a medida que se sentaran precedentes, como situaciones específicas que requieren juicio sobre este o aquel problema o comportamiento. Debe haber habido alguna presión económica también, de la sociedad, ya que de repente tenían mucha gente abrazando la falta de vivienda, y pidiendo limosna para comer, es decir, almuerzos gratis, que es lo que realmente significa bhikshu o mendicante, en las traducciones occidentales.

Había algunas órdenes de ascetas en ese momento, gente que se fue al bosque para buscar una cognición y una conciencia superiores, pero ninguno que atrajera a la gente, sin embargo, Buda aceptaba gente de todas las castas y todas las ocupaciones, mientras estos acetas no aceptaban mujeres, por ejemplo.

El sistema de castas bajo la cultura vatica santificado por los dioses y sus escrituras vaticas excluyó a la mayoría de los trabajadores, quienes, no eran esclavos, pero eran mantenidos en un peldaño muy bajo de la sociedad, y no les permitieron entrar, eran marginados en el sentido de, no permitido en los templos del vatic, o las ceremonias de sacrificio. La misma palabra para casta, en realidad, sánscrito varna, significa color, por lo que ya había una barrera de color, derivado de los de piel más clara, los llamados arios, que vino de Asia central gradualmente durante el milenio, y mirando hacia abajo a los aldeanos locales del Valle del Indo, que eran descendientes de los precedentes, pero gradualmente abrumó a la civilización de Harappa en el valle del Indo. Ahora el movimiento de Buda amplió la oportunidad para la liberación personal, e incluso la educación. Para la mayoría de estas clases bajas o marginados, e incluso para las mujeres, que era más revolucionario, así como atraer miembros individualistas de la élite gobernante de las clases sacerdotal y mercantil, como el mismo Buda, el mismo Siddhartha. A medida que el número de mendicantes comenzó a aumentar exponencialmente, todos atraídos por la promesa y el resultado a menudo rápido de mayor felicidad interior y exterior, el Buda fue muy cuidadoso en la organización de la nueva comunidad para no sobreesforzarse la tolerancia de la sociedad.

Por eso al principio se resistió a las mujeres mendicantes, porque sabía que las mujeres vendrían en gran número, y las familias patriarcales lo resistirían. También limitó la necesidad de alimentos, ya sabes, para este almuerzo gratis, restringiendo a todos, él mismo incluido, sólo para el almuerzo, una comida al día. Prohibió cualquier mendicante de recibir comida incluso si se ofrece libremente para el día siguiente, tenían que volver todos los días y conseguir ese almuerzo fresco para evitar la acumulación, y que los propios mendicantes no comenzaran a acumular suministros de alimentos. También evitó la competencia económica y de estatus con la importante casta de sacerdotes brahmanes, prohibiendo a los mendicantes actuar en ceremonias de nacimiento, ceremonias de nombramiento, ceremonias de matrimonio, funerales o cualquier tipo de los derechos de adivinación. Estos eran los rituales de subsistencia de los curas, y no quiso sus mendicantes compitiendo con eso.

También el estado de los miembros de la nueva comunidad Sangha dependía únicamente de la antigüedad. Siempre que entraban como mendigos y juzgado por cuando se graduaron, y la palabra no es ordenación, como en el monacato occidental, es graduación, y la idea es que graduarse de estar en una vida mundana preocupada habitual, sustento, deber familiar, etcétera, uno se gradúa de eso a este reino de relativa libertad, de conseguir comida gratis, no tener que hacer trabajo de subsistencia, pasar todo el tiempo en el estudio, educación y autodesarrollo, autotransformación. Entonces, al entrar en este estilo de vida que era un escape de ser el laico confinado en casa, y en el sinhogarismo privilegiado del mendigo. Eso significaba que, formalmente, las castas inferiores o incluso marginados, una vez en la comunidad, eran mayores, y eran superiores en la comunidad a los miembros de la casta superior, que venía más tarde, que a veces era un poco de sorpresa para las castas superiores, pero era bueno para su egoísmo.

Cuando hablamos de los miembros de la sangha budista como monjes y monjas, y se refieren a sus comunidades como conjuntos u órdenes, estamos categorizando las instituciones budistas incluso como monasterios, todos estos términos importados del contexto religioso cristiano, y no son completamente inexactos y es natural que hagamos eso pero debemos ser sensibles a la inevitable distorsión que esto trae consigo. Y nosotros, incluso bajo esa luz podemos considerar al buda haber sido el inventor del agnosticismo como institución central en las sociedades. Antes que él, había grupos ascéticos que iban al bosque, pero nadie que creara una institución que él llamó como la cuarta institución. Si visualizamos el centro de la ciudad, en aquellos días de la ciudad-estado euroasiática, como plaza es fácil ver qué innovación revolucionaria la comunidad Sangha era. Tradicionalmente, tres lados de la plaza central de la ciudad estaban ocupados por un palacio real en uno, un templo religioso sobre otro, y un bazar de comerciantes en el tercero. Y luego el cuarto está abierto al campo, donde los granjeros trabajaban y los cazadores cazaban. Pero lo que hizo el Buda fue colocar una academia, una especie de monasterio, en el cuarto lado, que era una morada parecida a un jardín, palabra sánscrita vihara, que simplemente significa "un lugar para residir", donde los individuos que concibieron un propósito de vida superior a través de la educación para una conciencia superior y una mayor libertad interior podrían encontrar un mínimo refugio, pero tendría que venir al centro una vez cada mañana para el sustento y la conversación. Estas moradas de buscadores sin hogar, eruditos, y eventualmente yoguis gradualmente se convirtió en las grandes universidades del apogeo de la civilización clásica del Indo, que estaban todos centrados en el budismo, centrados en el budismo, aunque no las llamaban universidades budistas. Lo que ellos llamaron fueron "instituciones científicas internas" o "instituciones de ciencia de la mente" o "instituciones de ciencia espiritual".

Para entender lo que la Sangha, la comunidad se trataba internamente tenemos que mirar la enseñanza realizacional lo que ellos llaman que consta de las ocho ramas del Noble Óctuple Sendero, cuyas ocho ramas en sí mismas nuevamente se dividen en las tres educaciones superiores. Aunque para distinguirlas me gusta llamarlos súper educación. Así que eso es lo que estaban haciendo. Esto está conectado con la práctica de la acción ética de realización de un nuevo nivel de ser ético los discursos del sutra, que son los propios monólogos del Buda o enseñanzas, sermones o discursos que se conectan a la ciencia psicológica y contemplativa y luego finalmente al Dharma que es una especie de análisis científico tan sistematizado de la realidad, especialmente la realidad interna pero también la externa y esto corresponde a la realización de la sabiduría que es la experiencia real de la verdadera naturaleza de la realidad y la sabiduría va con el conocimiento. Es como la educación donde buscas conocimiento, pero no buscas el conocimiento como algo externo de un conjunto de información que puedes recitar o puede hacer una lista en su computadora. El conocimiento tiene que convertirse en experiencial y realizable; convertirse en sabiduría y ese es el objetivo en el nivel científico de la súper educación budista. Estas son las prácticas del Camino Óctuple que conducen a esta educación superior.

Así que cuanto más conoces la realidad, más feliz y mejor persona serás. Entonces Buda declaró que la realidad es en sí misma transformadora y liberadora cuando se entiende con precisión. Ser realista conduce a la felicidad y ser poco realista conduce a la destrucción y la perdición.

Primero la visión realista del mundo que es la primera regla que implica eso y es interesante saber que esa es la primera rama no la meditación como la gente a menudo piensa que el budismo es solo meditación, pero primero es una visión realista del mundo que también podría traducirse como creencia o perspectiva y se trata de exploración filosófica y científica de la realidad realmente metafísica comparándola con lo que el condicionamiento cultural y social ha educado para creer que es real. El interior intelectual fundamental hacia el cual uno está dado un medio racional de validar o invalidar es que la relatividad expresada en la famosa enseñanza del vacío o desinterés a menudo mal entendido en Asia como la nada, que en realidad significa desinterés, en realidad significa que todas las cosas y los seres están vacíos desprovistos de cualquier componente no relacional de esencia o sustancia o identidad. Por lo tanto, completamente relativo a todo lo demás. Todas las cosas carecen de realidad intrínseca, objetividad o identidad porque todos se establecen sólo relacionalmente. Esto permite criticar los numerosos dogmas de todos culturas humanas Este, Oeste, Sur, Norte basado en irracionales proclamaciones incoherentes de absolutos de varios tipos de Dioses absolutos, de ley absoluta, de realidades absolutas, de ellos mismos, autoridades absolutas que desarrollan este mundo realista, por lo tanto, básicamente significa volverse cada vez más abierto a una mentalidad dedicada a confrontar la realidad por esquiva y complicada que sea. Por supuesto, la visión del mundo entendida intelectualmente presenta la realidad como un objetivo para la experiencia y uno se vuelve naturalmente motivado para experimentarlo visceralmente también.

Así que aquí, llegamos a querer tomar decisiones informadas sobre el estilo de vida y propósito basado en el descubrimiento de la realidad irracionalmente validable tal como se explora. Dado que parece más sensato que el mundo y uno mismo es en realidad, ¿cuál es la forma más significativa de usar esta vida humana e inteligencia que poseo en este momento y en varios futuros posibles? En este punto, muchas de las personas que conocieron a Buda y escucharon sus enseñanzas decidieron que sería más útil dedicarlas para descubrir la realidad que había descubierto Buda y aprovechando la preciosa oportunidad de la forma de vida humana para hacerlo. Entonces tenderían a querer volverse mendicantes. dado que las sociedades de la época disponían del superávit de alimentos, mano de obra, poder femenino, espacio y recursos para mantener sus vidas sobre una base mínima mientras perseguían sus objetivos educativos sin proporcionar ningún tipo de beneficio productivo a los colectivos que no sean superación personal individualista. Este es un punto realmente importante.

Es por esto por lo que entendemos al Buda como un fundador realmente de un sistema educativo más que el fundador de una religión.

Así que al crear esta institución creó las raíces de una corriente principal cosa reeducativa para el individuo independientemente de su papel en la sociedad que al seguir el camino de sus padres y desarrollar su plena comprensión y conciencia de la naturaleza de la realidad, más o menos lo que estaban tratando de hacer fue descubrir la realidad.

Cuando hablamos de los Diez Caminos Positivos y Negativos del Karma. Lo positivo y lo negativo se llaman Kushala y Akushala, lo cual es muy interesante. La gente suele traducir como virtud: kushala y akushala. Se suele traducir e como virtuoso y no virtuoso, lo hacen incluso en otros idiomas asiáticos, pero en realidad kushala significa hábil versus inhábil. Ahora, ¿por qué sería hábil? ¿Por qué sería torpe matar y hábil salvar vidas? ¿Habilidoso en qué sentido? ¿Por qué relacionarías eso con la idea de habilidad? Bueno, debido a la noción de relatividad, que fue un descubrimiento de Buda, y la noción de la infinidad y la ausencia de comienzo de la vida. Estamos nadando en el mar de la evolución como individuo, no solo como representante de una especie, un robot biológico impersonal impulsado por genes. Eso también está sucediendo en la especie con la que eliges quitarte la vida, pero en realidad estás nadando aquí y estás cambiando todo el tiempo. Somos impermanentes, cambiando constantemente, entonces la muerte no es una solución.

La sexta rama del camino óctuple del currículum de los mendicantes es el esfuerzo realista, creativo, que es lo contrario de la apatía o pereza. Y eso, por supuesto, es el motor de toda la educación superior, todas las demás ramas, porque si te vuelves apático y desesperado, entonces no harás nada del mundo realista, no harás ese esfuerzo. Y es interesante que se ponga en el número seis, antes de los dos últimos, que son más meditativos. Porque cuando alguien está volviendo su atención hacia ellos mismos, para transformarse, entonces se necesita un gran esfuerzo mental para dar la vuelta a sus patrones mentales habituales, en su pensamiento habitual. Para que estés convirtiendo tu conciencia crítica dentro de ti mismo, para ver cómo funciona tu mente, y tratar de comenzar a editar tus hábitos mentales. Entonces, justo antes de eso, tienes el esfuerzo creativo realista, para volverse creativo, no hay que conformarse con ser, como eres habitualmente.

Luego, el séptimo es la atención plena realista, lo que llamamos conciencia consciente, pero en realidad la palabra para esto es "mewasati inpali" que en realidad significa recordar. Quiere recordar donde estoy ahora, mindfullness. Y este es el que se ha vuelto muy popular en América, ya que hay algunas corporaciones donde hacen que todos sus empleados lo hagan, porque baja la presión arterial, mejora tu capacidad de adaptación al estrés, te da más libertad interior para elegir tus caminos de pensamiento y tus caminos de acción, y sus reacciones en situaciones interpersonales. Es realmente muy beneficioso y está algo sacado del contexto mendicante de dónde estás tratando de profundizar realmente y hacer conscientes tus patrones mentales inconscientes, y simplemente te ayuda a lidiar mejor contigo mismo, aunque cuando aprendes a practicarlo primero, te hace algo cohibido, y un poco artificial, al principio. Porque de repente estás mirando, no solo estás reaccionando habitualmente. Pero de todos modos, volverse más y más consciente de uno mismo y los propios procesos internos, siempre es un shock para uno mismo. Darme cuenta de lo ensimismado y encerrado en que estoy, y como uno es casi como un robot al actuar, hablar y pensar en base a impulsos internos, uno es demasiado a menudo inconsciente de esta conciencia introspectiva, la séptima rama del camino óctuple, y el primero de los entrenamientos en mente, resulta ser muy liberador y te vuelves consciente de tus impulsos internos y tus reacciones preprogramadas; te vuelves realmente consciente y obtienes la capacidad de elegir reaccionar, en lugar de simplemente tener que reaccionar automáticamente. Entonces hace que la mente inconsciente sea cada vez más consciente, y por lo tanto le permite a uno ganar más control sobre si mismo, en todos los niveles, e interactuar cada vez más hábilmente con el mundo. Es una especie de cultivo sistemático de la conciencia, en realidad, es como una virtud protestante muy fuerte y esto es conciencia sobre la forma en que funciona tu mente.

El octavo es la concentración realista, que es, finalmente, el de la meditación que todo el mundo piensa que es todo lo que es el budismo, y tal vez sea lo más importante porque es el último o tal vez es porque lo que hace es la liberación, y la aplicación del poder extremo de la mente al cambiar la propia realidad. Y cuando desarrollas un mayor nivel de concentración, tu mente puede hacer cosas que no hubieras imaginado de antemano. Y así, por lo tanto, si desarrollas una alta concentración mental con muchas motivaciones negativas y muchas actitudes confusas, entonces esto hará más poderoso las cuestiones negativas, y hacer que su estado sea más negativo. Es por eso que se lleva a cabo hacia el final ya que, al ser la última parte del plan de estudios, cuando hayas corregido la ética, has corregido la cosmovisión, y has desarrollado la creatividad y la autoconciencia, y luego puedes desarrollar esta concentración poderosa y puntiaguda de la mente completando todo el camino, desarrollando el superpoder, incluso podrías decir, de extraordinaria concentración mental, donde la cosmovisión realista de uno puede - hecho en el nivel racional, intelectual – ser derribada desde ese nivel de razonamiento y comprensión, hasta la experiencia visceral y aquí es donde presionas hacia abajo tu conciencia de tu relacionalidad para superar visceralmente tu rígido hábito de identidad.

Al revisar en su propio pensamiento estos ocho componentes del noble camino, se puede ver lo que estaban haciendo los mendicantes para cambiar su comprensión, y la experiencia de sus mundos y de ellos mismos. Y los laicos también siguieron estos componentes lo mejor que pudieron, pero su progreso fue mucho más limitado por las responsabilidades de la familia, la profesión y la sociedad.

La mejor manera de medir el impacto de esta revolución budista de la formación temprana de la sociedad mendicante alrededor del año 500 de la era común es ver al emperador Ashoka que se convirtió en emperador alrededor de 262 antes de la era común y lo valioso es que realizó un increíble conjunto de edictos de pilares, es decir, Edictos tallados en pilares de piedra que erigió por todas partes en la India y sus pilares por lo general, en la parte superior tenían este conjunto de cuatro leones mirando en cuatro direcciones con ruedas encima de ellos, que significa rueda real o rueda de autoridad real del carro del rey sino también, llegó a significar en el budismo, la rueda de la enseñanza, la razón y la sabiduría.

Entonces, es una especie de doble cosa y, de hecho, eso es lo que vemos en la bandera india, hoy curiosamente. Los indios creen que todo proviene de vadha y del hinduismo. Esa rueda en realidad proviene de Ashoka y Ashoka fue el emperador que realmente hizo el budismo cubrir todo el subcontinente, porque primero era un tipo muy vicioso que hizo un imperio por la violencia y luego se arrepintió como veremos. Entonces, por lo tanto, mirando sus edictos, realmente tenemos el registro de los cambios sociales y los cambios institucionales que se trajeron en la sociedad india, múltiples sociedades desde la época de Buda. Entonces, hemos tomado de sus Edictos Pilares lo que llamo los cinco principios de la política de la iluminación y tenemos que recordar también, que su imperio, el Imperio Maurya como se llamaba era de su apellido. Su abuelo había sido el único general que había liderado la resistencia a Alejandro Magno y lo derrotó echándolo de la India y entonces, ese abuelo se había rebelado contra el Emperador de ese tiempo y se hizo emperador y luego, su nieto, historia muy colorida, conquistó a todos, usó ese mismo poder militar para unificar todos los diferentes reinos indios, y hacer un gran imperio. De todos modos, bajo su mandato, la contracultura, el Movimiento Budista Revolucionario, en una regla sancionada oficialmente por primera vez como institución educativa y religiosa, cerca del corazón del propósito nacional.

El rey Ashoka, luego de la conquista de los Kalingas se arrepiente porque ha sentido una profunda tristeza y remordimiento porque la conquista de un pueblo antes no conquistado involucró masacre, muerte y deportación.

Entonces, Ashoka fue realmente extraordinario, cómo cambió de opinión sobre la conquista siendo una especie de tipo violento, machista y militar a su manera cuando tuvo que consolidar el imperio fue capaz de cambiar su percepción de lo que había hecho.

Entonces, Ashoka contrasta su nueva conquista de la conquista de la verdad, Dhamma como él lo llamó con la vieja campaña de un rey de un emperador de espada conquista. Por conquista de la verdad se refiere específicamente al programa lanzado por el Buda Shakyamuni, Dhamma, que significa la enseñanza del Buda la realidad de la libertad que se enseña en su esencia y el camino hacia esa libertad. La revolución de Buda operó a través de la creación de un ámbito social alternativo y la educación hasta ese momento. Una comunidad educativa dentro de la sociedad ordinaria donde el propósito individual en la vida podría enfocarse intensamente en el logro y la comunicación de la iluminación. Ashoka impuso su verdad por acción real. Construyó muchos monumentos, amplió las instituciones educativas, moderó el funcionamiento del sistema de justicia, amplió las funciones de bienestar del estado e hizo el ideal de la iluminación prominente en todos los aspectos de la vida de las personas. Esto tuvo un enorme impacto en las infraestructuras culturales de la civilización india. Ahora, el Buda había lanzado la conquista de la verdad de todo el planeta de la forma más discreta y no amenazante, a través de la difusión de las enseñanzas ancladas en moradas monásticas por personas que parecía estar retirándose de la sociedad, pero cuando el emperador adoptó la campaña, vino con un patrón de conquista y autoridad. El hecho histórico, sin embargo, es que Ashoka no entra en un tipo de guerra religiosa. Consideró la conquista al enviar algunos monjes desarmados con caravanas para difundir las enseñanzas de iluminación a todos los reinos del resto de Asia, de esta forma la revolución se elevó al nivel del poder establecido con resultados mixtos.

Ashoka mismo creía firmemente que su conquista de la verdad era al menos mucho mejor que su política anterior de violencia, de conquista a espada. Dondequiera que la conquista sea lograda por la verdad, "Produce satisfacción. La satisfacción es firmemente establecida por la conquista de la verdad. Incluso la satisfacción, sin embargo, tiene poca importancia. El rey Ashoka valora, atribuye valores en última instancia. sólo a la consecuencia de la acción en la vida futura. Es realmente inusual. Ashoka se convirtió genuinamente en el sentido de que vio la superioridad práctica de la política moral e ilustrada. Consideró una "conquista" enviar algunos monjes desarmados con caravanas para difundir las enseñanzas de la iluminación a todos los reinos del resto de Asia. De todos modos, la revolución interna de Buda seguramente sirve como base política para la flexibilidad psicológica y social de la sabiduría que ha hecho posible que la India continue funcionando como la mayor democracia en el mundo a pesar de todos sus problemas. Con los leones de Ashoka y la rueda del Dharma en el centro de su bandera.

La Vacuidad

El "vacío" es una enseñanza central de todo el budismo, pero su verdadero significado a menudo se malinterpreta. Si alguna vez vamos a abrazar el budismo correctamente en Occidente, debemos ser claros acerca de la vacuidad, ya que una comprensión incorrecta de su significado puede ser confusa e incluso dañina. El maestro budista indio del siglo III, Nagarjuna, enseñó: "La vacuidad mal aprehendida es como agarrar una serpiente venenosa por el lado equivocado". En otras palabras, seremos mordidos.

El vacío no es la nada completa; no significa que nada exista en absoluto. Esta sería una visión nihilista contraria al sentido común. Lo que sí significa es que las cosas no existen de la forma en que nuestro yo aferrado supone que existen. En su libro sobre el Sutra del corazón, el Dalai Lama llama a la vacuidad "la verdadera naturaleza de las cosas y los acontecimientos", pero en el mismo pasaje nos advierte "para evitar el malentendido de que la vacuidad es una realidad absoluta o una verdad independiente". En otras palabras, el vacío no es una especie de cielo o reino separado aparte de este mundo y sus aflicciones.

El Sutra del corazón dice: "Todos los fenómenos en su propio ser están vacíos". No dice "todos los fenómenos están vacíos". Esta distinción es vital. "Ser propio" significa existencia independiente separada. El pasaje significa que nada de lo que vemos o escuchamos (o somos) está solo; todo es una expresión tentativa de un paisaje continuo y en constante cambio. Entonces, aunque ninguna persona o cosa individual tiene una identidad fija y permanente, todo en conjunto es lo que Thich Nhat Hanh llama "interser". Este término abarca el aspecto positivo del vacío tal como lo vive y actúa una persona sabia, con su sentido de conexión, compasión y amor. Piense en el propio Dalai Lama y en el tipo de persona que es: generoso, humilde, sonriente y risueño, y podemos ver que una mera lectura intelectual del vacío no logra llegar a su cualidad práctica y gozosa en la vida espiritual. Así que la vacuidad tiene dos aspectos, uno negativo y otro bastante positivo.

Ari Goldfield, profesor budista en Wisdom Sun y traductor de Stars of Wisdom, resume estos dos aspectos de la siguiente manera:

El primer significado de vacuidad se llama "vacuidad de esencia", lo que significa que los fenómenos [que experimentamos] no tienen una naturaleza inherente por sí mismos". cualidades de la mente despierta como la sabiduría, la dicha, la compasión, la claridad y el coraje. La realidad última es la unión de ambos vacíos.

Con todo esto en mente, me gustaría resaltar tres malentendidos comunes sobre el vacío: emocional, ético y meditativo.

Emocional: Cuando decimos "me siento vacío", queremos decir que nos sentimos tristes o deprimidos. Emocionalmente hablando, "vacío" no es una palabra feliz en español, y no importa cuántas veces nos recordemos que el vacío budista no significa soledad o separación, esa resaca emocional permanece. En varias ocasiones he buscado una traducción sustituta del sánscrito sunyata (he probado con "plenitud", "espacio", "conexión" e "ilimitación"), pero como señala Ari Goldfield, "vacío" es la traducción más importante. traducción exacta. "Vacío" también es el término que usó mi propio maestro Shunryu Suzuki, aunque generalmente agregaba contexto. Una vez, hablando de la vacuidad, dijo: "No me refiero a la vacuidad. Hay algo, pero ese algo es algo que siempre está preparado para tomar alguna forma particular". En otra ocasión, hablando del tono de sentimiento del vacío, dijo: "El vacío es como estar en el regazo de tu madre y ella cuidará de ti".

Ético: Algunos estudiantes budistas justifican o excusan el mal comportamiento de su maestro al afirmar que a través de su comprensión de la vacuidad, el maestro está exento de las reglas habituales de conducta. Un estudiante dijo: "Roshi vive en lo absoluto, por lo que su comportamiento no puede juzgarse según los estándares ordinarios". Si bien es cierto que los maestros budistas a veces usan métodos inusuales para despertar a sus alumnos, su motivación debe provenir de la compasión, no del egoísmo. Ningún comportamiento que cause daño es aceptable para un practicante budista, maestro u otro.

Meditativo: Algunos estudiantes budistas piensan que un estado meditativo sin pensamiento ni actividad es la realización de la vacuidad. Si bien tal estado está bien descrito en los textos de meditación budista, se trata como todos los estados mentales: temporal y no conducente en última instancia a la liberación.

En realidad, el vacío no es un estado mental en absoluto; es, como dice el Dalai Lama, simplemente "la verdadera naturaleza de las cosas y los acontecimientos". Esto incluye la mente. Ya sea que la mente del meditador esté llena de pensamientos o vacía de ellos, esta verdadera naturaleza se mantiene.

Conclusión: Finalmente, dado que la vacuidad parece tan difícil de entender, ¿por qué Buda la enseñó? Es por su profunda comprensión de por qué sufrimos. En última instancia, sufrimos porque nos aferramos a las cosas pensando que son fijas, sustanciales, reales y capaces de ser poseídas por el ego. Solo cuando podemos ver a través de esta ilusión y abrirnos, en palabras de Ari Goldfield, "a la realidad del flujo y la fluidez que, en última instancia, es inasible e inconcebible", podemos relajarnos hacia la claridad, la compasión y el coraje. Ese objetivo elevado es lo que hace que valga la pena el esfuerzo por comprender la vacuidad.

La felicidad y la carencia

¿Por qué si mi vida es buena no soy feliz?

La cantidad de horas que pasamos en nuestra formación en la escuela que están dirigidas a lo material y lo intelectual es prácticamente cero en comparación con la que ocupamos en nuestro desarrollo intelectual.

Pero si observamos nuestras vidas y sí tenemos mucho éxito en nuestra vida profesional, económica y material y aún nos encontramos siendo personas frustradas, tristes o con carencia e insatisfacción es muy difícil decir que tenemos una excelente vida, que somos muy felices, más allá que podamos decir que tenemos todo lo que deseamos a nivel material y profesional. En esta instancia podemos ver que nuestra madurez emocional como sociedad e individuos no está al par de nuestro desarrollo material. Y esto es un problema para nosotros cuyo mundo está poblado no principalmente con cosas materiales, sino con nuestra situación interna. No necesitamos estudiar para saber que nuestra vida emocional es decisiva en decidir si tenemos una vida feliz o no.

Nosotros vivimos la vida buscando algo, continuamente moviéndonos del lugar dónde estamos y una manera de describir lo que buscamos o hacía que estemos moviéndonos, es un sentido de éxito, de ser exitosos en nuestra propia vida. Seguramente cuando preguntamos a un niño o una niña que quiere ser cuando sea grande, no va a decir "quiero ser un fracaso". Tendrá alguna idea de que lo que desea ser sería exitoso. Nosotros intentamos generar un patrimonio o cuidar lo que ya tenemos, siendo alguien a quién nuestros amigos, familia o colegas admiran. Una persona de éxito. Tenemos ejemplos de personas que la sociedad considera muy exitosa. Y una pregunta que podemos contestar muy rápidamente es que estas personas exitosas son felices y profundamente satisfechos con ellos mismos o con la vida. Nuestra idea de alguien exitoso está basada en lo que la sociedad de la mercadotecnia nos ha dictado durante siglos de influencia casi ininterrumpida. Entendemos como persona exitosa ese individuo con ambición. Pero ¿de dónde viene esa ambición? La ambición proviene de no estar conforme o satisfecho con lo que uno tiene; estar esforzándose para ser o tener más. Tenemos este conjunto de ideas que no examinamos normalmente. De acuerdo con este precepto que la sociedad actual nos presenta, debemos estar insatisfechos y ser ambiciosos. Si somos personas insatisfechos, ¿somos felices? La respuesta creo que se decanta por sí misma.

Algo nos falta, debemos hacer algo al respecto. Esta conexión entre insatisfacción, frustración, agitación y éxito y la meta hacia la que nos estamos moviendo, debería hacernos parar y pensar: ¿Qué es lo que estamos haciendo? Vamos con todo nuestro esfuerzo para llegar a una meta que no nos hará sentirnos satisfechos con lo que nosotros somos internamente. Si pensamos, ¿qué es lo que nos hace mover hacia ese estado? Si el estado al que nos estamos moviéndonos ni siquiera nos hace sentir tranquilos, felices, satisfechos y bien con nosotros mismos. Sino que es un estado de malestar y carencia en el cual la búsqueda se hace nuestro leiv motiv. Debemos seguir haciendo crecer nuestro imperio sea cual sea el mismo; me gusta en nuestras redes, más dinero, más prestigio, bienes personales, etc. Tenemos esta idea vaga de lo que sería éxito y movemos nuestro mundo hacia esa visión. ¿Cuáles son los productos colaterales en nuestra vida y nuestra sociedad? Definitivamente el consumismo. Esta sensación de no tener suficiente. Eso que es una profunda insatisfacción con nosotros mismos. Basta mirar la sociedad, nuestro planeta y encontrarnos con una relación explotativa, extractora y rapaz la que tenemos con el medio ambiente.

Compramos terrenos para quitarle los árboles para poner una empresa, u hoteles; o simplemente quitar los árboles y venderlos. Vemos algo bonito y lo que terminamos viendo es potencial comercial. No vemos que cuando nosotros actualizamos nuestros aparatos electrónicos, hemos extraído de Bolivia, de Nigeria, del Tíbet minerales que se usan para producirlos y en ese momento que hemos decidido actualizar nuestro aparato electrónico, no solo hemos extraído de muchos lugares los recursos naturales, sino que también el aparato electrónico anterior ya inicio su viaje a contaminar otra parte del planeta. En ese momento formamos parte de estos ciclos sin darnos cuenta dado que estamos demasiados enfocados en llenar por ese instante ese sentimiento de carencia. Llegamos a un motor; el motor del consumismo. No solo es la mercadotecnia que, si bien es una parte importante del consumismo, no es la única. El gran motor somos nosotros. Si no alimentáramos dicho motor con el combustible que somos, el consumismo no tendría la potencia y el dominio que tiene en nuestra sociedad. Debemos preguntarnos ¿para qué queremos más bienes? Por el estatus, el prestigio, el significado social de tener el último modelo de auto, de iphone, de smartphone. ¿Qué pensarán de mí sí me quedo con el celular con la pantalla rota, sin la última tuvieron? Como seres humanos no queremos que piensen mal de nosotros. No es por los bienes materiales, sino por los bienes sociales que necesitamos internamente para sentirnos apreciados. Nuestro valor interno no ha cambiado, pero alguien nos mira con desprecio u hace un comentario descalificante y la tristeza, el resentimiento, la vergüenza, la frustración, la ansiedad y aplicamos todo nuestro esfuerzo en el consumo de demostrar a esta persona que nosotros no somos lo que ellos dicen y aquí forma otro motor quizás sutil, pero que está ahí.

¿Cuál es la audiencia que queremos que vean el despliegue de nuestro éxito? La carencia es el motor. Esa sensación de no ser suficiente, de no tener suficiente, que algo nos falta que no sabemos que es. Pensamos que la opinión ajena llenará un hueco dentro de nosotros. Y todo el circulo vicioso de este teatro del que hacemos nuestras vidas. De salir ene l escenario para comprobar que nosotros realmente contamos, que somos alguien y merecemos su respeto. Y cuando estamos en esta actuación pública, subiendo ciertas fotos en las redes y borrando otras que no nos gusta cómo nos vemos o que no tuvieron la recepción que esperábamos de nuestra 'audiencia'. Pero cuando hacemos esta actuación, alterando la apariencia que proyectamos lo más que podemos esperar es que nuestra audiencia apruebe nuestra actuación. Sin importar cuanta aprobación buscamos, sabemos internamente que no nos están aprobando a nosotros, sino a nuestra imagen. Hay algo que internamente nos dice que logramos engañar a la audiencia dado que sabemos que somos carentes e internamente lo podemos comprobar. Pero ¿quién puede validar nuestro valor interno? ¿quién realmente sabe que hay dentro de nosotros? Sin ocultar, sin actuación… Solo nosotros. Nadie más.

El idioma es una falsificación. Continuamente estamos presentando algo. Esta sensación de no tener suficiente, de no ser suficiente es lo que hay detrás de nuestras relaciones, de nuestra carrera, de nuestro sacrificio. Cuando esta sensación se encuentra ahí nunca llegaremos a estar satisfechos con lo que realmente somos, porque la sensación está dentro de nuestro e internamente sabremos que no somos suficientes. Todo recae en la rama de las percepciones y no vivimos conectados con nuestras raíces. Esas que se encuentran en nuestro interior. La insatisfacción puede ser una forma de sabiduría natural dónde nos notifica que nuestro enfoque no es el correcto, sin embargo, no estamos conectados con nuestro interior y no sabemos identificar la carencia que tenemos y tendemos a ajustar para afuera y no para adentro. Nuestra carencia espiritual.

¿Porque somos carentes o incompletos?

Debido a que ya hemos sentido lo que es estar completos en alguna instancia de nuestra vida. Quizás cuando éramos muy pequeños y recibíamos el cariño de nuestros padres sin motivo alguno. Quizás cuando sentimos en alguna instancia que no necesitábamos nada para ser felices. Sea como sea, esa sensación ya la hemos percibido. La idea de estar completos, o, mejor dicho, ser completos, es una mala interpretación de la idea de la media naranja de Platón. El dialogo se llama el simposio. ¿Pero de dónde proviene esta idea? Aristófanes, un cómico de la época, propuso como idea del amor romántico y la fábula que lo seres eran demasiados arrogantes y siempre se hallaban tratando de alcanzar el monte Olimpo y Zeus al ver esto, decidió poner a los mortales en su lugar y cortó a las personas por la mitad como 'naranjas' literalmente. Pero luego que se corta una naranja la misma queda expuesta a los insectos, a los hongos y males del ambiente. Por dicho motivo, de acuerdo con la fábula, Apolo acudió cerrando a los seres mortales, dejando el ombligo como testigo de ello. Dicho ombligo es la señal que pensamos que somos completos, ¿pero no es así y por qué no somos completos? Porque nos falta la media naranja y esta sensación propulsa la búsqueda de la pareja perfecta, que nos complementará a la perfección. Pero al ya estar cerrados, las dos medias naranjas ya no pueden complementarse ya que nos fuimos adaptando para sobrevivir como dos partes incompletas y por esto es por lo que Aristófanes promulga una tragedia. La sensación de carencia viene implícita de la posibilidad de ser completos. Sino existiera esta idea no existiría la idea de carencia. Pasamos nuestra vida con esta idea de falta de algo, en busca de ESO que nos hará completos en algún momento. La pareja, esa mitad que nos falta… Sin embargo, ¿con casi nueve billones de personas en el mundo cual es la estadística que encontraremos nuestra alma gemela, nuestra media naranja?

La carencia viene con la voz de la falta de algo. Toda esta mercadotecnia, toda nuestra actuación se va amoldando a esta idea de atraer; atraer una pareja, un trabajo, una mejor vida social y comenzamos poco a poco a tratarnos como objetos. Objetos que necesitan atraer. Que necesitan ser completados. Si nosotros nos tratamos como objetos cuyo valor tiene que estar validado desde fuera es horriblemente doloroso. La falta de pareja, de trabajo, de una situación financiera satisfactoria o de un estrato social acorde a nuestro entorno. Todo esto, en el momento que no lo tenemos o que lo perdemos, nos va a hacer sufrir ya que querremos tener algo conque llenar esta carencia. Si bien no manejamos este nivel de análisis de carencia, está ahí.

Y nuevamente nos preguntamos: ¿Qué es que nos falta? Si no estamos mirando con mucho cuidado no estaremos interpretando nuestras propias necesidades de forma acorde. No obstante, constantemente nos estamos esforzando por ver lo que podemos obtener desde el exterior: un proyecto de vida, un trabajo, estudios, etc. Y esto genera una momentánea sensación de satisfacción dado que hemos identificado eso que no tenemos y vamos con todas nuestras fuerzas tras ello y una vez lo conseguimos no estamos satisfechos, porque siempre faltará algo más. Y si bien podemos tener una breve fase en la que nos encontramos bien, seguimos siendo vulnerables a las cosas externas, a la mirada del exterior.

Porque sabemos que las otras personas no nos pertenecen y sabemos que en algún momento sabremos que no estarán. Esta sabiduría que tenemos que la vida misma nos ha proporcionado no la logramos integrar a nuestro diario vivir.

¿Porque hemos ingresado en esta dicotomía de carencia/incompleto y satisfacción/completo?

Debido a que se encuentra basado en un entendimiento completamente equivocado de lo que somos. No somos sujetos a ser completos, n somos carentes o insuficientes. Estos dos términos dicotómicos es completamente equivocado. Somos otro tipo de fenómeno. Somos interdependientes. Nuestra manera de existir no es en términos de completo o incompleto. Existimos en un intercambio continuo, como todos los fenómenos en la naturaleza. Podemos abordar esto a través del oxígeno, por ejemplo. Si dejo salir todo el aire de mis pulmones y luego contengo la respiración y carezco de oxígeno, ¿estoy completo? Si quitamos algo de lo que nos hace completos, como es el oxígeno, o llenamos nuestros pulmones y no dejamos salir el oxígeno, ¿en qué momento somos completos y en cual incompletos? Es la interdependencia la que nos hace ser seres humanos, seres vivos. Esta interdependencia con la que constantemente estamos interactuando.

No somos objetos, no podemos dividirnos o separarnos de nuestro entorno. Existimos interdependientes de nuestro contexto. No solo dependemos de la naturaleza, la naturaleza también depende de nosotros. Hemos evolucionado interconectados y el hecho que podemos recibir es nuestra naturaleza. Estamos integrando constantemente. El problema radica en que carentes y completos, siempre elegiremos lo segundo. No obstante, esto es un mito. Y es un planteamiento absolutamente tóxico para nosotros. No es así como existimos, llenando un vacío. No somos objetos que hay que llenar.

¿Cuál es el impacto de tratarnos a nosotros mismos de esta forma? ¿De tratar otros de esta forma? Claro que sentiremos que hay algo que no está bien en nosotros bajo esta perspectiva en la que necesitamos continua valoración.

Nosotros deseamos que la gente nos demuestre que les importamos, por esta falta de autoestima, por nuestra sensación de carencia. Basta observar nuestra vida si no lo hemos hecho. Si no hemos tratado a otros como objetos intercambiables, dado que algo que puede ser comprado con halagos, con dinero, con prestigio, también es objeto de venta. Pero nosotros no somos objetos intercambiables, somos parte del entramado, somos completamente parte de nuestro entorno y formamos parte del todo y otros forman parte de nosotros. Es otra manera de entendernos y dar este giro en nuestras experiencias en nuestras relaciones cambia todo. Tenemos esta inteligencia intrínseca de saber que somos interconectados. Pero valoramos esta interconexión de forma distorsionada, dónde nos vemos como productos/objetos que pueden ser comprados y vendidos. Estamos insertos en muchas conexiones y nos tratamos como seres aislados y ahí viene todo el dolor de experimentarnos de esa forma. En la naturaleza estamos completamente interconectados, pero no sabemos experimentarnos así. Nuestra misma manera de abordar la conexión nos impide conectar y es muy doloroso y poco fructífero dado que estamos muy agitados y no abiertos, pero cuando todo está fluyendo naturalmente nuevas soluciones surgen y se hacen visibles.

Tenemos la opción de volver a conectarnos con nuestra naturaleza, de dejar de luchar contra ella. La realidad está a nuestro favor para volver a conectarnos con ella. Una opción que siempre tenemos es volver a nuestra realidad, al momento presente y reconectar con el presente, con el cuerpo. Hay que reconocer que somos seres cuya mente y cuerpo se hayan conectados. No estar fantaseando sobre el futuro o visitando el pasado constantemente. Ya con esto tomamos un paso muy importante y de ahí abrirnos a lo que hay. No tratarnos como un objeto que otros mirarán y no tratar a otros como tal.

índice

Made in the USA
Columbia, SC
25 June 2023